Las doce casas de la astrología

La guía definitiva de tópicos y lecciones sobre la interpretación de la carta natal y los doce signos del zodiaco

© Copyright 2023 - All rights reserved.

The content contained within this book may not be reproduced, duplicated, or transmitted without direct written permission from the author or the publisher.

Under no circumstances will any blame or legal responsibility be held against the publisher, or author, for any damages, reparation, or monetary loss due to the information contained within this book, either directly or indirectly.

Legal Notice:

This book is copyright protected. It is only for personal use. You cannot amend, distribute, sell, use, quote, or paraphrase any part, or the content within this book, without the consent of the author or publisher.

Disclaimer Notice:

Please note the information contained within this document is for educational and entertainment purposes only. All effort has been executed to present accurate, up-to-date, reliable, and complete information. No warranties of any kind are declared or implied. Readers acknowledge that the author is not engaging in the rendering of legal, financial, medical, or professional advice. The content within this book has been derived from various sources. Please consult a licensed professional before attempting any techniques outlined in this book.

By reading this document, the reader agrees that under no circumstances is the author responsible for any losses, direct or indirect, that are incurred as a result of the use of the information contained within this document, including, but not limited to, errors, omissions, or inaccuracies.

Su regalo gratuito

¡Gracias por descargar este libro! Si desea aprender más acerca de varios temas de espiritualidad, entonces únase a la comunidad de Mari Silva y obtenga el MP3 de meditación guiada para despertar su tercer ojo. Este MP3 de meditación guiada está diseñado para abrir y fortalecer el tercer ojo para que pueda experimentar un estado superior de conciencia.

https://livetolearn.lpages.co/mari-silva-third-eye-meditation-mp3-spanish/

Índice de contenidos

INTRODUCCIÓN 1
CAPÍTULO 1: CONCEPTOS BÁSICOS DE ASTROLOGÍA 3
CAPÍTULO 2: CONOCER LOS PLANETAS ASTROLÓGICOS 14
CAPÍTULO 3: LOS NODOS Y LOS ASTEROIDES TAMBIÉN CUENTAN... 31
CAPÍTULO 4: LOS DOCE SIGNOS DEL ZODIACO 43
CAPÍTULO 5: SIGNOS SOLARES, LUNARES Y ASCENDENTES 60
CAPÍTULO 6: CASAS I. EL EGO, LOS RECURSOS Y LA MENTE 73
CAPÍTULO 7: CASAS II. HOGAR, CREATIVIDAD Y SALUD 82
CAPÍTULO 8: CASAS III. RELACIONES, CRECIMIENTO Y VIAJES........... 90
CAPÍTULO 9: CASAS IV: CARRERA, AMISTAD Y ESPIRITUALIDAD 98
CAPÍTULO 10: PONERLO TODO JUNTO: LA CARTA NATAL................. 106
EXTRA: SÍMBOLOS Y GLIFOS ASTROLÓGICOS............................. 113
CONCLUSIÓN 116
VEA MÁS LIBROS ESCRITOS POR MARI SILVA 118
SU REGALO GRATUITO... 119
REFERENCIAS.. 120

Introducción

¿Se ha preguntado alguna vez qué es lo que le hace ser «usted»? La astrología puede darle algunas respuestas. Es un antiguo sistema basado en la ciencia que utiliza las posiciones individuales de los planetas, las estrellas y otros cuerpos celestes para interpretar la personalidad y el potencial de las personas.

La astrología es una práctica antigua que se utiliza para predecir el futuro y conocer mejor la vida y la personalidad. Muchos no se dan cuenta de que, al observar la posición de los planetas, las estrellas y otros objetos en el espacio, la astrología ayuda a entender mejor los conceptos astronómicos. Le obliga a comprometerse con su mundo y sus patrones de una forma totalmente nueva, sumergiéndolo en los misterios del universo.

Aunque no siempre le guste lo que este antiguo arte revela sobre su yo más íntimo, aprenderlo puede darle acceso a un conocimiento único sobre dónde se encuentra cada planeta, así como la forma en que interactúan todos los cuerpos celestes. Para profundizar y conocerse mejor, la astrología puede ser la herramienta que necesita. Ofrece un abanico de perspectivas fascinantes y útiles sobre la vida y las relaciones. Con la astrología, puede explorar las posiciones de las estrellas, los planetas y los signos del zodiaco en el momento de su nacimiento, o el de cualquier otra persona, y lo que eso podría significar. Puede ayudarle a comprender quién es y las posibilidades inherentes a usted.

La astrología también le ayuda a entender sus relaciones con los demás, a descubrir cómo funciona la energía en el universo y a comprender el poder de las estaciones. No solo eso, sino que puede utilizarse como herramienta para adquirir un mayor conocimiento de sí mismo y explorar los significados más profundos de la vida. La astrología ofrece muchas oportunidades para encontrar conocimiento, redescubrirse, abrir los ojos a filosofías que van más allá del mundo físico y ver la vida desde nuevas perspectivas. ¿Quién sabe? Puede que la astrología le ilumine y le abra los ojos mientras busca respuestas sobre usted mismo en este viaje.

Esta detallada guía explora los fundamentos de la astrología, desde los planetas y los signos hasta la interpretación de la carta astral. Repasa los fundamentos de la astrología, enseña a comprender el significado de cada planeta y signo, qué significa todo esto en una carta astral y mucho más. Con cada paso, comprenderá mejor este antiguo arte y cómo se aplica a su vida.

Independientemente de su nivel de conocimientos, esta guía le proporcionará la comprensión y las herramientas esenciales para interpretar y navegar por los signos zodiacales y todo lo relacionado con ellos. ¡Embárquese en este viaje para explorar los cielos y desvelar los misterios de la astrología!

Capítulo 1: Conceptos básicos de astrología

En la era moderna, la astrología puede considerarse una ciencia anticuada. Sin embargo, a lo largo de la historia de la humanidad, se ha utilizado para explicarlo todo, desde los cambios estacionales y las alineaciones celestes, hasta las trayectorias vitales y los rasgos de personalidad. Las prácticas astrológicas se originaron en la India hace al menos cuatro mil años y desde entonces han sido utilizadas por numerosas culturas para sus propios fines espirituales, religiosos y medicinales. Los ciclos dan una visión de la vida y tienen importantes connotaciones espirituales. Los calendarios astrológicos se utilizan incluso para determinar acontecimientos como las cosechas agrícolas, las campañas militares y las ceremonias religiosas.

La práctica de la astrología comenzó en la India hace miles de años
Biblioteca Wellcome, Londres, CC BY 4.0 https://creativecommons.org/licenses/by/4.0, *vía Wikimedia Commons*
https://commons.wikimedia.org/wiki/File:Astrologer_of_the_Brahmin_caste,_India,_c_1825_Wellcome_L0035997.jpg

La afición por la astrología une a todos los seres humanos y existe desde que se desarrolló el conocimiento del cielo nocturno. Deslumbrados por los misterios que encierra, los hombres intentaron darle sentido de formas que aún hoy siguen emocionando a la gente. Muchas civilizaciones antiguas buscaron respuestas en las estrellas y su disposición en el cielo nocturno. Esto les servía para fines que iban desde predecir acontecimientos basándose en los movimientos celestes, hasta utilizar las constelaciones para crear historias. No es necesario creer en la astrología para admirar su impacto en la historia de la humanidad.

Este capítulo examina cómo funciona la astrología, los fundamentos de una carta astral y el debate entre predestinación y libre albedrío. A continuación, se analizan los beneficios de la astrología, como la comprensión de la propia personalidad, el descubrimiento de las lecciones de la vida, la comprensión de situaciones vitales y mucho más. Por último, se analiza cómo interpretar una carta astral y cómo las interacciones entre los elementos proporcionan lecciones de vida y conocimiento de la personalidad.

Introducción a la astrología

La astrología es una antigua práctica que se basa en el estudio de las estrellas y los planetas y su influencia en nuestras vidas. Mediante la comprensión de las relaciones entre los diversos cuerpos celestes, los astrólogos proporcionan información sobre el propósito de la vida de una persona, sus problemas, éxitos y desafíos. El proceso de consulta implica comprender la situación única en la vida de una persona tal y como indica el movimiento planetario. La astrología explica distintos aspectos de la vida de las personas, desde cuestiones familiares, trayectorias profesionales y problemas de salud, hasta actitudes y comportamientos cotidianos. Todo ello en el intento de dar sentido a experiencias inexplicables, ganar claridad y sentirse apoyado en momentos de transición o incertidumbre. Muchas personas encuentran consuelo y orientación explorando esta ciencia milenaria. Las consultas astrológicas son cada vez más populares entre quienes desean comprender mejor sus decisiones vitales.

Conceptos básicos de una carta astral

Una carta astral es una herramienta increíblemente poderosa para ver el futuro. Es como una bola de cristal compuesta por símbolos matemáticos y celestes que puede decirle qué le espera en la vida. Comprender los conceptos básicos de una carta astral proporciona información sobre aspectos como las influencias actuales, las oportunidades potenciales e incluso las cosas que pueden requerir más atención. La carta astral no es algo que deba asustarle, sino una forma única e interesante de explorar la vida. Con una mirada a su futuro, ¿quién sabe qué mágicas sorpresas le esperan?

A. Planetas

Aprender a leer una carta astral es una forma divertida de conocerse a usted mismo y al mundo que le rodea. Los planetas desempeñan un papel esencial en la comprensión de las cartas natales y la predicción del futuro. Cada uno de los planetas tiene sus propias características y la astrología tradicional los divide en categorías masculinas y femeninas que expresan cualidades respectivas como la reactividad, la transformación y la interconectividad.

Los signos solares son un factor importante para determinar los rasgos de una persona, mientras que los lunares describen su personalidad a nivel emocional. La relación de las posiciones de los planetas revela y activa las energías de cada carta astral en particular. A partir de esta información, muchos creen que es posible conocer acontecimientos que van desde la vida cotidiana hasta hitos significativos. Aún queda mucho por aprender sobre la astrología, pero explorar los fundamentos de la lectura de una carta planetaria proporciona un gran punto de partida para la iluminación.

B. Signos

Los signos son un componente esencial de la lectura de una carta astrológica. La astrología es un lenguaje complicado, con símbolos e imágenes que representan los distintos planetas y cuerpos de nuestro universo. Cada signo tiene su forma de expresarse, por lo que entenderlos puede ayudarle a comprenderse a usted mismo o a quienes le rodean. En esencia, una carta astral consiste en imágenes de círculos o cuadrados con etiquetas que determinan el signo en cuestión. Una carta también destaca aspectos como la expresión de energías entre cada signo e identifica los desafíos o beneficios durante diferentes épocas. Con una comprensión más profunda de los signos, se puede leer una carta natal y obtener información de áreas como la carrera, las relaciones, la salud y más.

C. Casas

Las casas en una carta astrológica son también conocidas como moradas o lugares y son una parte integral del proceso de lectura de la carta. Actúan como lentes, permitiendo centrarse en áreas específicas de la vida y proporcionando una visión de cómo se correlacionan con el bienestar general. Cada casa está asociada a cuerpos particulares como planetas, asteroides, signos y elementos. El estudio de estos poderosos indicadores le permite comprender mejor sus necesidades y deseos y desarrollar un conocimiento más profundo de usted mismo y de lo que necesita hacer para mantenerse sano y contento. Si tiene curiosidad por conocer los fundamentos de este concepto, nunca es tarde para empezar a explorarlo. Aprender lo básico le dará una gran base para ampliar sus conocimientos.

D. Carta Natal

Una carta natal es una representación astrológica de la fecha, el lugar y la hora de nacimiento de una persona. Este momento define y da forma a quién es, cómo piensa y cómo interactúa con los demás. Revela sus fortalezas, debilidades, dones, talentos, inclinaciones y aptitudes. Una carta natal puede indicar cómo enfocar el amor, las relaciones y su trayectoria profesional, e incluso ofrecerle una visión de las lecciones que puede aprender a lo largo de la vida. Aunque compleja, la comprensión de los fundamentos de una carta natal puede ser fortalecedora y transformadora si se utiliza como herramienta para navegar la vida.

Predestinación frente a libre albedrío

El antiguo debate de «predestinación frente a libre albedrío» continúa siendo explorado por teólogos y filósofos hoy en día. Por un lado, quienes creen en la predestinación argumentan que el ser humano tiene un destino fuera de su control. Quienes creen en el libre albedrío, por su parte, aseguran que el destino es determinado por cada uno y por sus elecciones. Ambos lados de este debate tienen su punto. Aunque todavía no se ha llegado a una respuesta definitiva, no se puede negar que la exploración de este concepto puede llevarnos a comprender mejor nuestro propósito en la vida y cómo vivirla con sentido.

Beneficios de la astrología

La astrología tiene una larga y rica historia. A menudo fue utilizada por nuestros antepasados para guiar decisiones diarias y aclarar lo desconocido. Esta ciencia sigue siendo relevante hoy en día y ofrece muchos beneficios a quienes la practican con regularidad. La astrología proporciona una comprensión del ser humano al revelar experiencias pasadas, el potencial para el futuro y cómo determinados factores pueden influir en el presente. Va más allá de los signos estelares. Los astrólogos evalúan los movimientos planetarios, exploran las cartas natales del zodiaco, los ciclos numerológicos y mucho más para obtener claridad y desarrollar una mayor comprensión de la vida de las personas. Además, la astrología enseña una valiosa sabiduría que trae consigo la paciencia de esperar a que los ciclos personales se alineen con las energías cósmicas. Al descubrir este antiguo conocimiento, puede hacer mejoras duraderas en su vida y, quizás lo más importante, ¡crecer para aceptar sus imperfecciones!

1. Entender la personalidad

La astrología es una práctica antigua e intrigante que todavía resuena entre muchas personas hoy en día debido a su sorprendente precisión. Da ideas clave para comprenderse a sí mismo y las relaciones con los demás. A través de la astrología, puede conocer los rasgos de su personalidad, encontrando las raíces de por qué piensa, habla y se comporta como lo hace. También puede arrojar luz sobre cómo interactúan entre sí las distintas personalidades, lo que permite crear vínculos significativos con los demás y cultivar mejores relaciones. Además de proporcionar un valioso conocimiento de sí mismo, al trazar periódicamente el movimiento de los planetas en torno a los signos zodiacales, la astrología puede alertar de posibles oportunidades o peligros antes de que sucedan, lo que permite anticiparse en términos de preparación y acción. Independientemente de su aplicación, las ventajas de utilizar la astrología para entenderse a usted mismo y a los demás están más que claras.

2. Lecciones de vida

Aprender astrología puede ser beneficioso en muchos sentidos. Puede ayudarle a ser más consciente del comportamiento adecuado, hacerle sentir más conectado con el universo y ayudarle en su crecimiento y desarrollo personal. Algunos pueden encontrar fascinante aprender que ciertos animales, planetas y símbolos están asociados con su viaje vital, ampliando sus conocimientos más allá de su vida presente. Además, comprender dónde se encontraban los astros en el momento del nacimiento proporciona poderosas ideas sobre cómo interpretar sus influencias sobre nosotros. Mediante la investigación, la práctica, las consultas o las clases, puede sumergirse en su carta astral y desvelar valiosos y perspicaces mensajes que le guiarán en su vida. Acceder a las lecciones de vida de la astrología proporciona orientación y una mayor profundidad de visión que ayuda a vivir una vida más feliz y significativa.

3. Obtener una visión de las situaciones de la vida

Desvelar los secretos de la astrología es una gran herramienta para comprender mejor las situaciones de la vida y sus relaciones con los demás. Aunque se trata de un estudio complejo, algunos aspectos básicos como los signos zodiacales, las cartas de compatibilidad e incluso los horóscopos diarios son fáciles de entender. Dedicar tiempo a comprender lo que ocurre en cada momento del calendario astrológico permite aprender más sobre sí mismo y adquirir valiosos conocimientos sobre los acontecimientos de la vida. La astrología es un recurso inestimable en el camino de crecimiento personal y autoconocimiento, tanto para predecir posibles resultados como para aconsejar sobre cómo sortear circunstancias complicadas. Con ayuda de esta ciencia, puede descubrirlo todo, desde la sincronización perfecta hasta mensajes significativos ocultos en los acontecimientos de la vida, comprendiéndose realmente a usted mismo y sus interacciones con quienes le rodean.

4. Fortalecer las relaciones

Fortalecer las relaciones puede ser un reto, pero no es imposible. La astrología es una herramienta útil para comprenderse mejor a sí mismo y a su pareja. Es una forma divertida de conocer a su pareja, o a usted mismo, en un nivel más profundo. Las lecturas astrológicas abren vías de comunicación entre dos personas que antes no habrían sido posibles, desde la introducción del humor y la comprensión, tan necesarios en las conversaciones, hasta el descubrimiento de intereses comunes desconocidos hasta entonces. Le muestra cómo su personalidad única se mezcla de maneras que nunca habría imaginado, permitiéndole encontrar nuevas profundidades de conexión con los demás de maneras maravillosas.

5. Descubrir talentos y fortalezas

Aprender astrología es una forma excelente de descubrir sus talentos y fortalezas. Le proporciona una visión de su ser interior, mostrando qué cualidades le hacen único y qué habilidades posee. Al explorar los distintos signos y principios astrológicos, puede que descubra que algunos de sus talentos naturales son inesperados o están ocultos bajo la superficie. Además, comprender sus puntos fuertes puede facilitar que los convierta en una trayectoria profesional o camino de éxito. La astrología también ofrece orientación sobre la mejor manera de utilizar esos dones para explorar nuevas ideas, por lo que puede sacarles el máximo partido con un poco de determinación.

6. Mejorar la gestión del tiempo

La astrología es una poderosa herramienta para mejorar la gestión del tiempo. Sabe lo difícil que puede ser compaginar el trabajo, la vida familiar, las aficiones y la salud personal. Sin embargo, con la orientación astrológica, puede empezar a organizar las actividades que necesita hacer en el orden correcto. Una gran ventaja de comprender la astrología es la capacidad de sincronizar las actividades para maximizar los resultados. Esto podría implicar que realice las tareas en los momentos más adecuados cada día, o incluso diseñar su semana en torno a ritmos celestes que promuevan la productividad. La astrología también perfecciona su capacidad para priorizar tareas, permitiéndole centrarse en sus objetivos a largo plazo al tiempo que atiende la importancia de las tareas más pequeñas. Con la mejora de las habilidades de gestión del tiempo a través de la astrología, las personas pueden vivir una vida mucho más equilibrada y plena.

7. Promover el crecimiento espiritual

La astrología es una gran herramienta para promover el crecimiento espiritual. Ofrece una sabiduría única y una visión de la vida, personalidad y relaciones, todo lo cual puede ayudar a ser más consciente de sí mismo y apoyar el viaje de autodescubrimiento. Si aprende más sobre las estrellas, podrá adquirir perspectiva sobre sus circunstancias actuales, liberarse del miedo y comprender cómo construir la vida que desea. Tanto si se trata de aclarar una experiencia como de discernir cuándo es el mejor momento para tomar una decisión importante, la astrología puede guiarle hacia el crecimiento espiritual. Con ella, puede comprender mejor quién es y por qué se comporta de determinadas maneras.

8. Mejorar la toma de decisiones

Tomar decisiones puede ser difícil, sobre todo cuando tienen implicaciones a largo plazo. Es crucial tomar la decisión correcta, ¡y aquí la astrología resulta útil! La astrología es una herramienta increíble para mejorar la toma de decisiones, ya que ofrece una visión de las motivaciones, pensamientos y sentimientos. Además, le ayuda a ganar perspectiva sobre sus puntos fuertes y débiles y las posibilidades que tiene cuando se enfrenta a una decisión compleja. Al examinar su carta astral, puede obtener claridad sobre su situación actual y las consecuencias de determinadas decisiones. Además, la astrología le orienta a la hora de tomar las decisiones que mejor se ajustan a sus objetivos y deseos, permitiéndole elegir conscientemente, en lugar de ir a ciegas por la vida sin ningún tipo de percepción o comprensión de su yo interior. En última instancia, explorar los principios astrológicos es una forma efectiva de apoyarse a la hora de tomar decisiones acertadas y llevar una vida más saludable.

9. Descubrir el propósito

La astrología es una herramienta fascinante para el autodescubrimiento y, en última instancia, para cumplir el propósito de vida. Con sus doce signos zodiacales, la astrología le ayuda a comprenderse mejor a usted mismo, incluyendo sus puntos fuertes, debilidades e inclinaciones, lo que le permite crear un camino que le acerque a sus objetivos. Si tiene una mente abierta y explora la posición de los planetas en las distintas etapas de su vida, puede obtener información valiosa para tomar decisiones importantes en las relaciones, los cambios profesionales o los estudios. Quienes creen ven lo que quieren ser como símbolos de su destino en la colocación de las estrellas. Pero también los escépticos tienen la oportunidad de reconocer el sentido de sus vidas con los conocimientos derivados del estudio astrológico. Tanto si piensa poco como si piensa mucho, investigar sobre astrología puede beneficiarle en su viaje hacia el descubrimiento de su propósito.

10. Lograr la plenitud

En el mundo actual, con infinidad de decisiones, la astrología ofrece una claridad muy necesaria. Hay muchas formas en que puede beneficiarse, desde descubrir rasgos de personalidad y trayectorias vitales hasta ayudarle a comprender cómo interactúa con determinadas personas o cómo desarrolla sus relaciones. Con lecturas regulares y consejos adaptados a la situación de cada persona o a su configuración planetaria, las decisiones vitales resultan más fáciles de tomar. La astrología está diseñada para proporcionar una guía que, en última instancia, permite mejorar y crecer hacia la plenitud en todos los aspectos de la vida. En lugar de dictarle lo que debe hacer, le ayuda a reflexionar sobre su situación actual, a considerar los efectos futuros de cualquier decisión que tome y a descubrir cuál es el mejor camino para usted a largo plazo. En lugar de confiar en la suerte o en el azar para superar las malas rachas de la vida, la astrología es una gran opción para encontrar el camino hacia el verdadero logro y el crecimiento personal.

Interpretar una carta astral

Interpretar una carta astral puede ser un proceso complejo y desconcertante para los no iniciados. Requiere conocimientos sobre interacciones planetarias, representación de signos e interpretación del lenguaje simbólico. La tarea puede parecer desalentadora, pero no tiene por qué serlo. Con práctica y paciencia, la interpretación de cartas astrológicas puede convertirse en una herramienta esclarecedora para ampliar el conocimiento y la comprensión de los patrones energéticos cíclicos de la vida. Empiece con cartas pequeñas, como las vueltas solares o los tránsitos diarios, para adquirir experiencia, y luego avance hacia cartas más complejas a medida que crezca su confianza y sus habilidades. Acuda a amigos o a recursos en línea si cree que necesita orientación. Nunca subestime el apoyo disponible para ayudarle en su viaje hacia desvelar los secretos de las estrellas.

A. Interacciones entre los elementos

La interpretación de una carta astral es una forma apasionante y reveladora de apreciar las interacciones entre los elementos. Mediante el estudio de la colocación de los planetas en el zodiaco y las relaciones entre ellos, es posible obtener una visión real de la personalidad, las conexiones con los demás y los posibles resultados. La astrología es una gran herramienta de autorreflexión que permite reconocer los puntos fuertes y débiles de cada uno y apreciar y comprender la perspectiva de los demás para tener interacciones más significativas. Con una carta astral precisa y la interpretación de su contenido, puede llegar a conocerse a usted mismo mucho más profundamente de lo que nunca creyó posible.

B. Lecciones de vida y conocimiento de la personalidad

La interpretación de la carta astral es una buena forma de conocer mejor su vida y su personalidad. Es una práctica que se ha utilizado durante siglos y personas de todo el mundo siguen utilizándola hoy en día. La carta astral se divide en doce casas, cada una de las cuales representa diferentes áreas de la vida, como el hogar, las relaciones, la carrera profesional, etc. Cada casa está relacionada con posiciones planetarias y aspectos que influyen en cada área. Por eso, examinar una carta astral ayuda a comprender mejor cómo están interconectados los distintos elementos de la vida. En lugar de trabajar solo en cambiar un aspecto aislado de usted mismo, puede trabajar en mejorar simultáneamente muchas áreas.

C. Cómo interpretar las cartas en profundidad

Con las herramientas y los recursos adecuados, puede profundizar en los diferentes elementos de una carta para pintar una imagen convincente de una persona o situación. Una buena manera de empezar es aprender el lenguaje astrológico para comprender mejor los significados específicos de cada planeta y signo. Combinando este conocimiento con el de los tránsitos y progresiones, las posiciones de las casas y su aspecto, se pueden empezar a descubrir poco a poco capas más profundas de información oculta en la carta. Hay mucho que descubrir al interpretar una carta astral. Con algo de dedicación y práctica, pronto se sentirá seguro interpretando la suya.

Las lecturas astrológicas son increíblemente informativas y esclarecedoras. Abren vías de posibilidades en nuestras vidas. La astrología existe desde hace siglos y mucha gente la considera un arte milenario. La interpretación de las cartas astrológicas consiste en observar la alineación de los planetas en una carta astral o natal para obtener información sobre los rasgos esenciales del carácter de una persona y su trayectoria vital. La práctica puede parecer oscura o esotérica, pero comprender el significado astrológico ayuda a descubrir el potencial oculto en nosotros mismos y a dar sentido a nuestros destinos. Con la guía, las herramientas y los recursos adecuados, es posible adquirir una comprensión mucho más profunda de los misterios de los astros. Sumérjase y empiece a descifrar su carta astral. ¿Quién sabe qué secretos descubrirá?

Capítulo 2: Conocer los planetas astrológicos

Descubrir la energía de los planetas y cómo interactúan mejor con cada casa astrológica es un viaje apasionante. Las doce casas tienen propiedades únicas, por lo que comprender las distintas influencias planetarias puede proporcionarle una visión realmente fascinante de su vida. La clave para beneficiarse de la información que aportan los planetas y la astrología reside en aprender los componentes esenciales de ambos campos y ver cuáles se unen de forma armoniosa. Aprender sobre las energías de los planetas es una herramienta inestimable para nuevos descubrimientos.

Los planetas desempeñan un papel importante en la astrología
CactiStaccingCrane, CC BY-SA 4.0 https://creativecommons.org/licenses/by-sa/4.0, *vía Wikimedia Commons* https://commons.wikimedia.org/wiki/File:Solar_System_true_color.jpg

Este capítulo se centra en el papel de los planetas y explora cada uno de ellos en detalle. Se examinan el Sol, la Luna, Mercurio, Venus, Marte, Júpiter, Saturno, Urano, Neptuno y Plutón. Se analizan también los glifos asociados a cada planeta, las palabras clave que los representan, las deidades a las que están asociados, los signos zodiacales que rigen y las correspondencias (elementos, colores, cristales). Por último, se ofrece un resumen de la energía y los efectos de cada planeta, para que el lector pueda hacerse una idea de cómo influye en su vida.

Comprender el papel de los planetas en la astrología

Comprender el papel de los planetas en la astrología es un viaje que puede abrirle los ojos a una forma completamente nueva de ver el mundo. A medida que empiece a explorar, descubrirá cómo cada planeta tiene diferentes cualidades y significados. El Sol, por ejemplo, rige los rasgos asociados a la identidad consciente. Mercurio está relacionado con el intelecto y la comunicación. Venus habla de conexión y armonía. Marte significa energía y ambición. Saturno se relaciona con la responsabilidad y las limitaciones. Júpiter habla de abundancia, crecimiento y expansión. Urano representa conmoción, caos o revolución en algunos aspectos de la vida. Neptuno sugiere sueños y efimeridad, mientras que Plutón se refiere a la transformación a lo largo del tiempo. Si se sumerge en el significado de los planetas en la astrología, podrá obtener una fascinante visión de usted mismo y de quienes le rodean a un nivel mucho más profundo.

El Sol

El Sol es una figura central en el estudio de la astrología, ya que proporciona una visión esclarecedora del carácter y el comportamiento. Se centra en lo que se conoce como signo solar, que se determina por la posición del Sol en el momento del nacimiento. El signo solar describe nuestras disposiciones naturales y ayuda a definir quiénes somos. Utilizado en combinación con otros elementos astrológicos, también puede informarle sobre cómo interactúa con los demás, el carácter de sus relaciones y qué caminos debe seguir en la vida. Conocer su influencia solar es sorprendentemente útil a la hora de tomar decisiones importantes. No olvide mirar al cielo y averiguar qué papel desempeña el Sol en la historia de su vida.

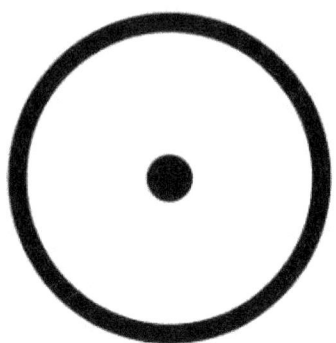

Glifo solar
https://freesvg.org/sun-and-fish-ancient-symbol

A. Análisis del glifo

El glifo que representa al sol es un círculo con un punto en el centro. Esto simboliza cómo la vida gira en torno al poder de esta estrella brillante, ya que proporciona a los seres humanos energía y luz. El punto en el centro del círculo sugiere que dentro de cada persona yace un propósito o destino especial.

B. Palabras clave

Poder, luz, inspiración, energía, propósito, iluminación.

C. Deidades asociadas

Apolo, Ra, Helios, Amaterasu.

D. Signo del zodiaco regido por él

Leo.

E. Correspondencias

- Elemento: Fuego.
- Color: Dorado o amarillo.
- Cristales: Citrino u ojo de tigre.
- Número: 1.

F. Energía y efectos

El sol es un símbolo poderoso en astrología, ya que representa la luz y la energía que las personas reciben de él. Le proporciona valiosas ideas sobre su carácter y su comportamiento. Además, le informa sobre cómo interactúa con los demás, sus relaciones y qué caminos seguir en la vida.

Conocer su influencia solar es de gran ayuda a la hora de tomar decisiones importantes.

La Luna

El papel de la Luna en la astrología es fascinante, y a menudo se pasa por alto. Se cree que está a cargo de nuestra energía, instintos y emociones, y también influye en cómo pensamos y nos comportamos. Cuando la Luna cambia de posición o entra en un nuevo signo, la forma de procesar el mundo cambia con ella debido a su atracción gravitatoria. Según los astrólogos, estudiar cómo se mueve la Luna a través de cada signo del zodiaco ayuda a comprender las respuestas subconscientes y cualquier intuición extra sobre ciertos temas o situaciones. Aunque a lo largo de los años se ha mirado a la astrología con mucho recelo, hay algo tranquilizador y reconfortante en saber que las energías cósmicas que escapan a su control le pueden afectar positivamente.

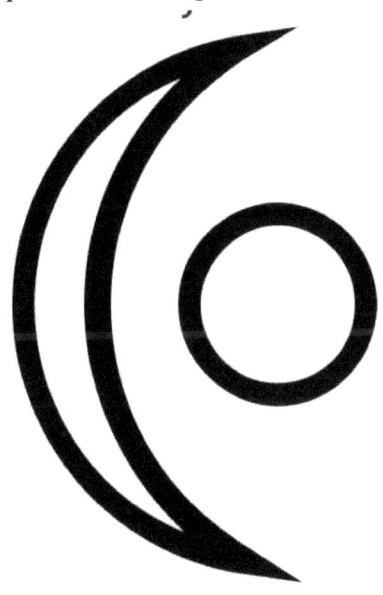

Glifo lunar
https://freesvg.org/illustration-of-a-symbol-with-crescent-shape-and-a-circle

A. Análisis del glifo

El glifo de la Luna tiene forma de media luna, lo que nos recuerda su conexión con las mareas y los ciclos naturales. Simboliza la habilidad para adaptarse a las circunstancias cambiantes y la capacidad de estar abierto y responder al flujo de la vida.

B. Palabras clave
Intuición, emociones, energía, instintos, ciclos.
C. Deidades asociadas
Selene, Diana, Hécate.
D. Signo del zodiaco regido por ella
Cáncer.
E. Correspondencias
- Elemento: Agua.
- Color: Plateado o blanco.
- Cristales: Piedra de la luna o aguamarina.
- Número: 2.

F. Energía y efectos
La Luna es una figura esencial en astrología. Comprender su influencia proporciona valiosos conocimientos sobre nuestras emociones, intuición e instintos. La atracción gravitatoria de la Luna afecta a nuestra capacidad de adaptación. Sus movimientos a través de los signos del zodiaco pueden guiarnos en nuestro enfoque de la vida. Estudiar y aprender lo que ofrece esta fuerza cósmica le ayuda a liberar todo su potencial y a vivir la vida al máximo. Una comprensión más holística de las energías cósmicas en su vida puede marcar la diferencia a la hora de tomar decisiones importantes.

Mercurio

Los movimientos de Mercurio se utilizan para interpretar el comportamiento, las características y el futuro potencial de una persona. Mercurio representa tanto el pensamiento lógico como la comunicación, por lo que conocer este planeta da una visión muy valiosa de cómo piensan y se expresan las personas. Es tan influyente que refleja sus decisiones, valores y comportamientos en sus relaciones con los demás. Comprender el papel de Mercurio en la astrología es una poderosa herramienta para entenderse a usted mismo y ayudarle en su camino de vida.

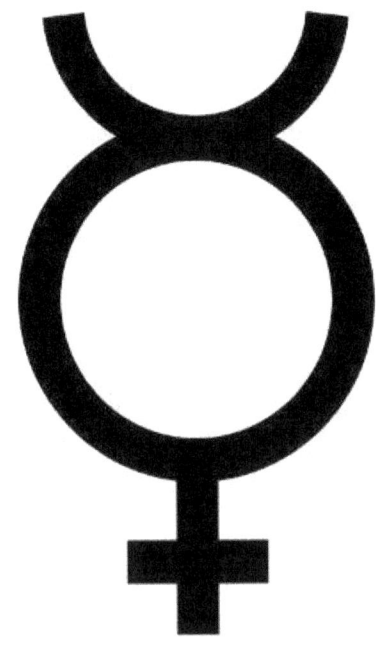

Glifo de Mercurio
https://www.needpix.com/photo/download/30682/planet-symbols-mercury-astronomical-planetary-astrological-astrology-free-vector-graphics-free-pictures

A. Análisis del glifo

El glifo de Mercurio es una curva sobre un círculo con una cruz en la parte inferior, que representa la dualidad que encarna este planeta. Simboliza la capacidad para pensar con lógica y comunicarse eficazmente con los demás.

B. Palabras clave

Comunicación, inteligencia, lógica, decisiones, relaciones.

C. Deidades asociadas

Mercurio, Hermes, Thoth.

D. Signos del zodiaco regidos por él

Géminis y Virgo.

E. Correspondencias

- Elemento: Aire.
- Color: Naranja o amarillo.
- Cristales: Citrino o ágata.
- Número: 3.

F. Energía y efectos

Los movimientos de Mercurio influyen significativamente en la forma de pensar, comportarse y comunicarse. La dualidad de este planeta es un recordatorio de que sus decisiones y relaciones con los demás deben ser equilibradas para vivir una vida plena. Dedicar tiempo a comprender y aprender los efectos de Mercurio puede darle una valiosa visión de su propia vida y de cómo interactúa con los demás.

Venus

A medida que la astrología sigue atrayendo a personas de todos los ámbitos de la vida, el papel de Venus resulta especialmente interesante. Llamado así por la diosa del amor y la belleza, se cree que este planeta rige las áreas del amor, las relaciones y las finanzas. La posición de Venus puede dar una idea del carácter y el destino de un individuo dependiendo de la carta astral de cada persona. La mayoría de las veces, les guía a través de decisiones difíciles de la vida personal mientras se esfuerzan por encontrar un equilibrio entre sus necesidades emocionales y sus obligaciones prácticas. Saber más sobre la influencia de Venus en nuestras vidas nos ayuda a tomar decisiones más matizadas que, en última instancia, nos conducen a una mayor felicidad.

Glifo de Venus
*Font Awesome Free 5.2.0 por @fontawesome - https://fontawesome.com, CC BY 4.0
https://creativecommons.org/licenses/by/4.0, vía Wikimedia Commons
https://upload.wikimedia.org/wikipedia/commons/6/66/Font_Awesome_5_solid_venus-mars.svg*

A. Análisis del glifo

El glifo de Venus es un círculo con una cruz en la parte inferior, que representa la energía femenina de este planeta. También tiene un elemento de equilibrio, ya que el círculo y la cruz representan una combinación armoniosa de energías mentales y físicas.

B. Palabras clave

Amor, belleza, relaciones, finanzas.

C. Deidades asociadas

Venus, Afrodita, Inanna.

D. Signos del zodiaco regidos por él

Tauro y Libra.

E. Correspondencias

- Elemento: Tierra.
- Color: Verde o rosa.
- Cristales: Cuarzo rosa o jade.
- Número: 6.

F. Energía y efectos

Venus rige las áreas del amor, las relaciones y las finanzas. Le ayuda a encontrar un equilibrio entre sus necesidades emocionales y sus responsabilidades prácticas y a tomar decisiones informadas sobre el rumbo que debe tomar su vida. Comprender cómo influye Venus en usted puede conducirle a relaciones más significativas y a una mayor sensación de armonía en su vida.

Marte

Cuando se trata de astrología, Marte, el planeta rojo, es increíblemente influyente, y esta influencia ha sido estudiada durante siglos. Este cuerpo celeste desempeña un papel central en la carta zodiacal de una persona y puede utilizarse para tomar decisiones vitales críticas, como viajar o elegir una carrera. Su energía también simboliza el impulso, la ambición y la pasión, determinando el grado de actividad o determinación de una persona. Mientras que sus aspectos maléficos se asocian con la ira o la agresividad, sus aspectos positivos pueden aportar fuerza y coraje. En última instancia, comprender los efectos de Marte en la astrología ayuda a aprovechar el verdadero potencial de cada persona y a pasar a la acción.

Glifo de Marte

IZN1TEN, CC BY-SA 4.0 https://creativecommons.org/licenses/by-sa/4.0, *vía Wikimedia Commons* https://commons.wikimedia.org/wiki/File:Mars_symbol.jpg

A. Análisis del glifo

El glifo de Marte es un círculo con una flecha, que indica la naturaleza agresiva del planeta. Es un símbolo de fuerza y coraje, que puede dirigirse hacia resultados positivos o negativos.

B. Palabras clave

Acción, agresividad, ambición, pasión.

C. Deidades asociadas

Marte, Ares, Tyr.

D. Signos del zodiaco regidos por él

Aries y Escorpio.

E. Correspondencias

- Elemento: Fuego.
- Color: Rojo.
- Cristales: Granate o piedra de sangre.
- Número: 4.

F. Energía y efectos

Marte es un planeta poderoso e influyente que simboliza el impulso, la ambición y la pasión. Dedicar tiempo a comprender y aprender sus efectos ayuda a las personas a aprovechar su verdadero potencial y a actuar para alcanzar el éxito. Con este conocimiento, pueden ser más conscientes de su energía y utilizarla para manifestar resultados positivos en todos los ámbitos de la vida.

Júpiter

Júpiter es uno de los planetas más poderosos e influyentes de la astrología. Su papel en el sistema solar va más allá de afectar a la vida de las personas. Es esencial para el mantenimiento de un colectivo armonioso y equilibrado. Cuando Júpiter está retrógrado, crea una barrera energética que desvía las energías difíciles que pueden afectar su vida de forma desfavorable. Esto actúa como una pantalla que le permite reconocer cuándo se enfrenta a desafíos externos e internos. Entonces, Júpiter actúa como un entrenador de vida, animándole a mirar dentro de usted para superar los obstáculos y fortalecer la voluntad reforzando su motivación. Además, debido a la naturaleza expansiva de Júpiter, ayuda a aumentar la producción de energía y la vitalidad general. Por lo tanto, este planeta desempeña un papel fundamental en el mantenimiento de la buena suerte y la felicidad.

Glifo de Júpiter
Creative Commons CC0 1.0 Dedicación Universal de Dominio Público
<https://creativecommons.org/publicdomain/zero/1.0/deed.en>
https://upload.wikimedia.org/wikipedia/commons/5/5a/Rma_-_lh.svg

A. Análisis del glifo

El glifo de Júpiter combina dos símbolos, la luna creciente y la cruz. Simboliza la vida, el crecimiento, la expansión y la abundancia espiritual y material.

B. Palabras clave

Suerte, expansión, felicidad, crecimiento.

C. Deidades asociadas

Júpiter, Zeus, Odín.

D. Signos del zodiaco regidos por él

Sagitario y Piscis.

E. Correspondencias

- Elemento: Fuego.
- Color: Violeta o azul.
- Cristales: Amatista o lapislázuli.
- Número: 3.

F. Energía y efectos

Júpiter es un planeta increíblemente influyente en la astrología, ya que simboliza la suerte, la expansión, la felicidad y el crecimiento. Su energía es beneficiosa cuando se lucha por el éxito, y sus periodos retrógrados ayudan a desviar las energías negativas. Júpiter le anima a mirar dentro de usted para superar los obstáculos y a fortalecer su voluntad, mejorando su motivación. Su naturaleza expansiva puede ayudarle a aumentar su producción de energía y su vitalidad, además de traer buena suerte a su vida. En definitiva, comprender los efectos de Júpiter en la astrología ayuda a aprovechar el verdadero potencial de cada quien y a alcanzar el éxito.

Saturno

Saturno ocupa un lugar especial en la astrología, ya que rige el tiempo y la responsabilidad. Rige la experiencia en el mundo físico y le ayuda a comprender cuándo debe actuar y priorizar las tareas. Saturno también le reta a esforzarse por alcanzar metas, al tiempo que enseña a su alma lecciones que obligan al crecimiento personal. Sin la sabiduría de Saturno, sería incapaz de moverse por la vida respetando la ley natural, lo que dificulta su éxito. Con la comprensión del significado de Saturno en astrología, puede aprender mucho sobre el progreso personal a través del conocimiento atemporal.

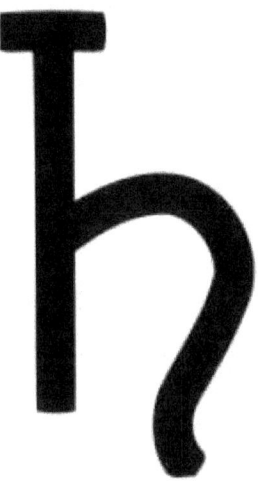

Glifo de Saturno
Firkin CC0 1.0 Universal (CC0 1.0) Dedicación de dominio público
https://creativecommons.org/publicdomain/zero/1.0/, https://openclipart.org/detail/227759/solar-system-symbols

A. Análisis del glifo

El glifo de Saturno es una cruz con un rizo en la parte inferior. Esto simboliza el deber, la autoridad y la limitación, elementos que entran en juego bajo la influencia de Saturno.

B. Palabras clave

Responsabilidad, estructura, sabiduría, ley.

C. Deidades asociadas

Saturno, Cronos, Shiva.

D. Signos del zodiaco regidos por él

Capricornio y Acuario.

E. Correspondencias

- Elemento: Tierra.
- Color: Negro o gris.
- Cristales: Azabache o hematite.
- Número: 8.

F. Energía y efectos

Saturno es un planeta importante en astrología, ya que rige el tiempo, la responsabilidad y la autoridad. Le enseña a ser consciente de sus acciones en la vida y a priorizar mejor las tareas. También le anima a esforzarse por alcanzar el éxito, al tiempo que le enseña lecciones valiosas para crecer y desarrollarse como individuo. Cuando comprende el significado de Saturno en astrología, experimenta un progreso personal y se beneficia de un conocimiento atemporal. De este modo, puede tomar decisiones conscientes para acercarse a sus objetivos y alcanzar el verdadero éxito.

Urano

Urano es uno de los planetas más intrigantes de la astrología, conocido por su simbolismo de rebelión, perturbación y liberación. Comprender el papel de Urano es clave en cualquier carta astral, ya que proporciona una valiosa visión del viaje espiritual de una persona, y abrazar las lecciones asociadas con el planeta es una poderosa fuente de transformación y crecimiento. Situado dentro de su carta natal única, Urano saca a la luz todos los aspectos de su carácter que son inconformistas. Revela cómo se expresa de forma diferente a los demás y qué caminos poco convencionales toma en su vida. Puesto que Urano rige la innovación, analizar su colocación en las cartas astrológicas ayuda a comprender dónde reside la creatividad e impulsa a realizar cambios significativos.

Glifo de Urano

Image by Peter Lomas on Pixabay https://pixabay.com/de/illustrations/uranus-planet-astrologie-2676694/

A. Análisis del glifo

El glifo de Urano está formado por dos semicírculos con una cruz en el centro. Simboliza el movimiento, la perturbación y la liberación de las ataduras. El símbolo contiene un círculo y elementos en forma de cruz que ilustran el tamaño y la forma del planeta, un interesante contraste con su temperatura fría.

B. Palabras clave

Rebelión, ruptura, liberación, creatividad.

C. Deidades asociadas

Urano, Ea, Mitra.

D. Signo del zodiaco regido por él

Acuario.

E. Correspondencias

- Elemento: Aire.
- Color: Azul o turquesa.
- Cristales: Aguamarina o turmalina.
- Número: 7.

F. Energía y efectos

Urano es uno de los planetas más interesantes de la astrología, conocido por su simbolismo de rebelión, disrupción y liberación. Su colocación en la carta astral puede ayudarle a comprender su lado creativo y a expresarse de forma diferente a los demás. Urano le enseña a liberarse de las restricciones y a abrazar caminos no convencionales de vida, lo que puede conducir a cambios significativos. Si comprende el significado de Urano en astrología, puede aprender mucho sobre el crecimiento personal y la transformación.

Neptuno

Neptuno es un planeta intrigante dentro de la astrología, ya que aporta crecimiento espiritual y conciencia superior. Al comprender el papel de Neptuno en la astrología, puede utilizar ese conocimiento para comprenderse mejor a usted mismo y su lugar en el universo. Específicamente, la presencia de Neptuno se relaciona con la mente subconsciente y la relación con los sueños, la creatividad y la imaginación. Cuando comprende el poder de Neptuno, reconoce que cada persona tiene acceso al extraordinario potencial de la trascendencia espiritual y la nueva comprensión. Explorar la influencia de Neptuno es un fascinante viaje de autodescubrimiento que puede llevarle a descubrir ideas ocultas sobre usted mismo que tienen un inmenso poder de transformación.

Glifo de Neptuno

Image by Clker-Free-Vector-Images on Pixabay https://pixabay.com/de/vectors/neptun-planet-symbole-tierkreis-39403/

A. Análisis del glifo

El glifo de Neptuno es un tridente, un antiguo símbolo de autoridad y poder. Las tres puntas del tridente representan los tres aspectos de Neptuno: la espiritualidad, la creatividad y la imaginación.

B. Palabras clave

Misterio, espiritualidad, creatividad, imaginación.

C. Deidades asociadas

Neptuno, Poseidón, Manannan Mac Lir.

D. Signo del zodiaco regido por él

Piscis.

E. Correspondencias

- Elemento: Agua.
- Color: Azul o violeta.
- Cristales: Piedra de la luna o amatista.
- Número: 8.

F. Energía y efectos

Neptuno es el poderoso y misterioso planeta de la astrología, a menudo asociado con el crecimiento espiritual y la conciencia superior. Analizar el papel de Neptuno en su carta astral puede ayudarle a comprender su mente subconsciente y la influencia que tiene en sus sueños, creatividad e imaginación. Al comprender el significado de Neptuno en la astrología, accede a un enorme potencial de trascendencia espiritual y puede desbloquear nuevas percepciones sobre usted mismo para transformar su vida.

Plutón

Plutón es un planeta pequeño del sistema solar muy distante de la Tierra y a menudo se ha pasado por alto en astrología. Sin embargo, ya no es así. Como planeta exterior, Plutón ejerce una fuerte influencia. A menudo significa transformación y cambios trascendentales en la vida. Las interpretaciones astrológicas sugieren que Plutón representa la capacidad de profundizar en la propia verdad y los deseos más íntimos. Si comprende el simbolismo de Plutón, entenderá mejor su madurez. La energía de este planeta guía poderosos descubrimientos interiores, desde romper viejos hábitos y conceptos erróneos hasta abrazar lo que realmente somos.

Glifo de Plutón

https://commons.wikimedia.org/wiki/File:Pluto_symbol_(variable_width).png

A. Análisis del glifo

El glifo de Plutón es un pequeño círculo con una cruz debajo, que simboliza la naturaleza profunda y misteriosa del planeta. El círculo representa la unidad, mientras que la cruz sugiere la transformación, compuesta por dos líneas que se cruzan y van en diferentes direcciones.

B. Palabras clave

Misterio, transformación, poder, intensidad.

C. Deidades asociadas

Plutón, Deméter, Hades.

D. Signo del zodiaco regido por él

Escorpio.

E. Correspondencias

- Elemento: Agua.
- Color: Negro.
- Cristales: Obsidiana o azabache.
- Número: 8.

F. Energía y efectos

Plutón es un pequeño y distante planeta del sistema solar que significa transformación y cambios trascendentales en la vida. Si comprende el simbolismo de Plutón, podrá comprender mejor su madurez. Explorar la energía de este planeta guía poderosos procesos de autodescubrimiento y ayuda a romper viejos hábitos y conceptos erróneos, abrazando a su ser.

En conclusión, los planetas de la astrología (Sol, Luna, Mercurio, Venus, Marte, Júpiter, Saturno, Urano, Neptuno y Plutón) tienen energías especiales e influyen en la vida de las personas de formas únicas. Si explora estos planetas, obtendrá información valiosa sobre su crecimiento y desarrollo personal. Al comprender el simbolismo de cada planeta, puede descubrir verdades ocultas sobre usted mismo y utilizar ese conocimiento para crear cambios significativos en su vida.

Capítulo 3: Los nodos y los asteroides también cuentan

La mecánica central de la astrología a menudo es reducida a la influencia de los planetas. Estos arrojan luz sobre los rasgos de la personalidad, las interacciones relacionales y mucho más. Aunque estos cuerpos celestes son los principales responsables de definir las energías que dan la forma astrológica de las personas, hay energías menores que no deben pasarse por alto. Los asteroides y los nodos completan un intrincado rompecabezas cósmico que ayuda a comprenderse plenamente a sí mismo. Los asteroides suelen representar las emociones y relaciones más íntimas, mientras que los nodos revelan influencias ocultas o comportamientos imprevistos.

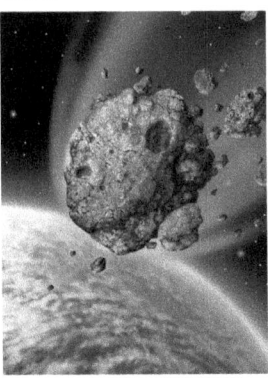

Los asteroides tienen un rol en las lecturas astrológicas
State Farm, CC BY 2.0 https://creativecommons.org/licenses/by/2.0, *vía* Wikimedia Commons
https://commons.wikimedia.org/wiki/File:Asteroid_falling_to_Earth.jpg

La astrología se basa en energías mayores y menores para brindarle una imagen clara de su vida o incluso de vidas pasadas en las que puede profundizar. Estas energías se unen para crear algo personal, una lectura en profundidad que proporciona una visión de quién es y qué caminos potenciales existen ante usted. Es una forma interesante de reflexionar sobre sí mismo y encontrar consuelo en el descubrimiento de la belleza única que proviene de sus orígenes cósmicos.

Este capítulo explora dos de las energías menores más importantes de la astrología: los asteroides y los nodos. Desglosa sus significados y funciones en su vida, explica cómo afectan, qué lecciones enseñan y cómo trabajan juntas para crear una imagen completa de la vida. Al final de este capítulo, comprenderá mejor la importancia de las energías menores en astrología y cómo utilizarlas para tomar mejores decisiones.

Nodos

La astrología es un campo interesante y complejo de estudiar. En ella, los nodos son el nodo norte y el nodo sur, que representan su pasado kármico y muestran hacia dónde se dirige su alma. Al determinar la ubicación de los nodos en la carta natal, se puede aprender más sobre las influencias de las vidas pasadas y el lugar que ocupan en el presente. Estudiar los nodos en astrología arroja luz sobre cómo se crean o manifiestan ciertos aspectos de la vida, por lo que es una gran herramienta de aprendizaje para cualquiera que busque obtener una comprensión más profunda de su propio ser. Además, explorar los nodos astrológicos le ayuda a saber por qué le atraen algunas personas y le repelen otras, o por qué algunas situaciones le atraen mientras que otras le alejan. En general, es un gran ejercicio de autodescubrimiento, ¡hay mucho por revelar!

A. Definición de los nodos

En astrología, los nodos son dos puntos muy concretos de la esfera celeste que representan un choque filosófico entre el pasado, el presente y el futuro de una persona. El nodo norte representa el camino más beneficioso que puede seguir, y el nodo sur representa las lecciones de sus experiencias. No son planetas ni signos. Son puntos matemáticos que proporcionan una visión de su vida para maximizar su potencial y comprender mejor sus dilemas y desafíos. Cada ciclo de los nodos alrededor de la carta dura aproximadamente dieciocho meses, lo que los convierte en una herramienta increíblemente poderosa a la hora de estudiar el crecimiento personal y los cambios colectivos. Por supuesto, la astrología no se limita a estos dos puntos. De todas formas, puede proporcionarle una visión increíble de sus búsquedas espirituales y materiales.

B. Nodo sur

¿Ha oído hablar alguna vez del nodo sur en astrología? Este concepto fundamental consiste en mirar hacia el pasado y descubrir cómo las experiencias anteriores construyen su presente. El nodo sur se relaciona con su origen en sus viajes espirituales y habla de quién era antes de esta vida. Al ser el signo astrológico más cercano al campo energético del cuerpo, el nodo sur le habla de patrones kármicos anteriores, como creencias, sentimientos y expectativas que pueden estar impidiéndole alcanzar sus objetivos futuros. Es un concepto realmente intrigante que vale la pena explorar si quiere comprenderse a usted mismo o a quienes le rodean en un nivel más profundo.

C. Nodo norte

Comprender su nodo norte en astrología es un viaje fascinante. Requiere mirar al pasado, ahondar en su historia y obtener una nueva perspectiva. El nodo norte está conectado con su destino y con la realización más elevada de usted mismo. Considérelo equivalente a un plan de vuelo del zodiaco. Comprenderlo puede proporcionarle una visión inestimable de quién es y hacia dónde se dirige. También puede ayudarle a tomar decisiones difíciles sobre qué nuevos comienzos se alinean con su propósito superior. Tómese un tiempo para una exploración más profunda y reflexione sobre cómo las lecciones de su nodo norte pueden ayudarle a encontrar más alegría y plenitud en la vida.

D. El papel de la luna negra Lilith

En el mundo de la astrología, la luna negra Lilith es una figura increíblemente influyente. Este misterioso objeto revela conocimientos vitales sobre su vida y sus relaciones con los demás, incluyendo los efectos que tienen sobre usted tanto individual como colectivamente. Lilith representa los lados más sombríos del alma, como la energía oscura, el autosabotaje, los comportamientos autodestructivos, los deseos reprimidos e incluso los traumas sin resolver. Pero también puede revelar su capacidad de crecimiento y fuerza transformadora. Dedicar tiempo a comprender su luna negra Lilith abre un nuevo mundo de posibilidades para la comprensión personal, la sanación y el crecimiento en la vida.

Asteroides

Para muchas personas, los asteroides son pequeños planetas fascinantes que proporcionan mensajes enigmáticos sobre el destino. Desempeñan un papel esencial en la astrología, ya que los patrones formados por la configuración de los asteroides en la carta revelan conocimientos ocultos. Estudiar la astrología de asteroides proporciona una hoja de ruta para comprender ciertos acontecimientos y comportamientos de la vida. Cada posición le permite profundizar en quién es y hacia dónde se dirige. Desde Juno, que revela de dónde procede el compromiso; hasta Quirón, que conecta con heridas pasadas del alma; pasando por Ceres, que ayuda a encontrar patrones en experiencias tanto positivas como negativas; los asteroides le proporcionan conocimientos intrincados sobre los misterios de la vida.

Quirón

El poderoso asteroide Quirón ha sido una fuente de interés para los astrólogos durante mucho tiempo. Comúnmente conocido como el «sanador herido» debido a su naturaleza impredecible y paradójica, se cree que representa la capacidad de compasión y comprensión. Este asteroide le ayuda a comprender el propósito de su vida y, por tanto, a planificar mejor de cara al futuro. También tiene un gran significado simbólico porque le muestra cómo elevarse por encima del sufrimiento, independientemente de su forma o intensidad. Por ello, los astrólogos suelen fijarse en este antiguo cuerpo celeste a la hora de interpretar las estrellas y comprender sus experiencias. Con su interpretación única, Quirón es un asteroide realmente especial con profundas conexiones en la astrología.

A. Análisis del glifo

Tras analizar su glifo, parece que la forma de «C» indica la circulación de energía dentro del sistema solar, mientras que las dos líneas principales representan la relación Sol-Tierra. El glifo también incluye un símbolo que señala nuestro lugar en este fenómeno. Esta representación simbólica le enseña a ser consciente de su papel como parte de una estructura sistémica mucho mayor y le recuerda que debe ser consciente de cómo interactúa con ella.

B. Palabras clave

Transformación, crecimiento, curación.

C. Deidades asociadas

Apolo, Artemisa, Hécate, Prometeo, Hygeia.

D. Signos del zodiaco regidos por él

Aries, Leo, Sagitario.

E. Correspondencias

- Elemento: Fuego.
- Color: Dorado.
- Cristales: Amatista, piedra de la luna.
- Número: 9.

F. Energía y efectos

Quirón es un asteroide asociado con la transformación, el crecimiento, la curación y la comprensión. Tiene un poderoso impacto en la energía de las personas a las que influye y las capacita para realizar cambios en sus vidas. Ofrece una visión del propósito del sufrimiento y de cómo las heridas pueden utilizarse para crear algo hermoso. Al conectar con su energía, puede comprender mejor su destino y encontrar la fuerza para superar cualquier obstáculo. En última instancia, Quirón le recuerda que debe dejar atrás el pasado, abrazar sus heridas y utilizarlas para seguir creciendo.

Ceres

¿Cuál es el significado astrológico del planeta enano Ceres? Esta es una pregunta que muchos se han hecho a lo largo de la historia. Resulta que este asteroide desempeña un papel importante en el cosmos, con especial relevancia para quienes siguen la astrología. Desde su lugar dentro del sistema solar, se cree que influye en la vida y contribuye al equilibrio entre la naturaleza, el crecimiento y la alimentación. Estudiar este asteroide puede darle una mayor comprensión de usted mismo y de su propósito en la Tierra. Para quienes están interesados en profundizar, investigar cómo la relación con este cuerpo celeste influye en las relaciones con los demás es muy esclarecedor.

A. Análisis del glifo

El glifo de Ceres se compone de dos círculos con una cruz en el centro, que representan la fertilidad y la nutrición. Los círculos representan la Tierra, mientras que la cruz en el centro sugiere que todos los seres vivos están conectados. Este glifo también simboliza el papel de Ceres como guardiana y cuidadora de la Tierra al proporcionar sustento a todos los seres vivos.

B. Palabras clave

Abundancia, nutrición, fertilidad, maternidad.

C. Deidades asociadas

Deméter, Afrodita, Perséfone, Cibeles.

D. Signos del zodiaco regidos por ella

Tauro, Virgo, Capricornio.

E. Correspondencias

- Elemento: Tierra.
- Color: Verde.
- Cristales: Crisoprasa, jade.
- Número: 5.

F. Energía y efectos

Ceres es un asteroide asociado con la abundancia, la nutrición, la fertilidad y la maternidad. Se cree que influye mucho en las relaciones con los demás y con el entorno. Si conecta con su energía, puede comprender mejor su identidad y su propósito en la vida. Le anima a ser más afectuoso, compasivo y generoso consigo mismo y con quienes le rodean. En última instancia, Ceres le recuerda que debe cuidar de sí mismo y de quienes le rodean, para ser la mejor versión de usted mismo.

Pallas

El misterioso asteroide Pallas ha intrigado durante mucho tiempo a los astrólogos por su estrecha relación con los pensamientos más íntimos en lo que se refiere al autodominio y la sabiduría. Simbólicamente, este asteroide es portador de una visión metafísica de cómo actúa alguien en el mundo. Se cree que comprender su directiva, propósito y motivación puede ayudar a crecer espiritualmente e incluso a romper viejos patrones de comportamiento que impiden el progreso. Aunque el asteroide Pallas habla sobre todo de los aspectos espirituales más profundos dentro de cada uno, también habla del entorno exterior, ya que varios mitos lo incluyen como símbolo de protección contra enemigos, tanto ocultos como evidentes. Por último, debido a su conexión con la sabiduría, los astrólogos recurren a sus percepciones para desentrañar cuestiones difíciles de la vida, como las relaciones o las decisiones profesionales.

A. Análisis del glifo

El glifo de Pallas está compuesto por un escudo y una lanza, que representan la protección y la fuerza. Sugiere que Pallas desempeña un papel esencial en la protección de las personas contra sus enemigos, proporcionándoles la sabiduría y la valentía necesarias para superar los obstáculos.

B. Palabras clave

Protección, fuerza, sabiduría, estrategia.

C. Deidades asociadas

Atenea, Minerva, Nike.

D. Signos del zodiaco regidos por ella

Acuario, Libra.

E. Correspondencias

- Elemento: Aire.
- Color: Plateado.
- Cristales: Hematite, azabache.
- Número: 8.

F. Energía y efectos

Pallas es un asteroide que le ayuda a ser consciente de cómo actúa y a comprender su papel en el mundo. Su energía puede darle fuerza, valor y confianza para afrontar los retos que se le presenten y tomar decisiones con claridad y determinación. Al conectar con su energía, obtiene una mayor comprensión de la dirección de su vida y aumenta sus posibilidades de éxito en sus esfuerzos. Pallas le recuerda que debe confiar en sí mismo y salir de su zona de confort para alcanzar su máximo potencial. Le anima a utilizar la estrategia y la sabiduría para protegerse de cualquier tipo de enemigo externo o interno.

Juno

Juno es un asteroide que últimamente está en el punto de mira, sobre todo por su relación con la astrología. Juno, que recibe su nombre de la diosa romana del matrimonio y el romance, se considera un símbolo importante entre los observadores de las estrellas, ya que transmite mensajes de asociación y devoción. Los astrólogos de todo el mundo le han atribuido diferentes significados, desde explorar el desamor y honrar los principios femeninos, hasta crear uniones profundas con otros individuos (relaciones que dan como resultado estabilidad y deleite). Su descubrimiento aporta una visión de los misterios de los cielos, que invita a la reflexión y resulta cautivadora. La visión de Juno en la carta natal de una persona puede excitar o despertar cautela, dependiendo de cómo se perciba, lo que le lleva a profundizar en cómo se manifiesta el amor en su vida.

A. Análisis del glifo

El glifo de Juno es una forma triangular, con dos lados abiertos y uno cerrado. Significa la mezcla de emociones que acompañan al amor y las relaciones y muestra el equilibrio entre la apertura y la protección cuando se trata de una relación de pareja.

B. Palabras clave

Amor, matrimonio, compromiso, unión, relación.

C. Deidades asociadas

Juno, Venus.

D. Signos del zodiaco regidos por ella

Tauro, Libra.

E. Correspondencias

- Elemento: Tierra.
- Color: Rojo y rosa.
- Cristales: Cuarzo rosa, rodonita.
- Número: 6.

F. Energía y efectos

La energía de Juno le anima a explorar cómo enfocar las relaciones y encontrar alegría y satisfacción en sus asociaciones. Crea una conciencia de la importancia del compromiso, la responsabilidad y la confianza en cualquier dinámica de relación. La energía de Juno le permite crear conexiones profundas con sus seres más cercanos y le anima a actuar desde el amor y no desde el miedo. Le enseña a defender sus propias necesidades y, al mismo tiempo, le permite ser abierto y vulnerable. Juno le anima a centrarse en las necesidades básicas de la pareja y a encontrar fuerza en sus vínculos. Al conectar con su energía, crea una atmósfera de respeto y comprensión mutuos que le permite crear uniones amorosas y duraderas.

Vesta

Los aficionados a la astrología tienen una nueva fuente de fascinación en el asteroide Vesta, considerado el objeto más brillante del cinturón de asteroides. Descubierto por el astrónomo alemán Heinrich Olbers en 1807, se cree que representa a Virgo, la Doncella virgen de los antiguos mitos. Quienes piensan que el destino está escrito en las estrellas, creen que la influencia de Vesta aporta claridad y ayuda a alcanzar objetivos con el mínimo esfuerzo. Otras interpretaciones astrológicas sugieren que mejora las relaciones sexuales, la vida familiar y los sentimientos de camaradería. Independientemente del camino que elija explorar o de cómo interprete la influencia de Vesta en su vida, ¡su magnetismo le llevará por un viaje interesante!

A. Análisis del glifo

El glifo de Vesta está formado por dos círculos que se cruzan, lo que representa la unión de las energías espiritual y física. También simboliza la combinación de dones materiales y espirituales que, como individuos, podemos utilizar para alcanzar nuestro máximo potencial.

B. Palabras clave

Enfoque, dedicación, devoción, pasión, disciplina.

C. Deidades asociadas

Vesta, Hestia, Atenea.

D. Signo zodiacal regido por ella

Virgo

E. Correspondencias

- Elemento: Tierra.
- Color: Blanco y plateado.
- Cristales: Cristal de roca, obsidiana.
- Número: 5.

F. Energía y efectos

La energía de Vesta le anima a mantenerse dedicado y apasionado por lo que más le importa. Le ayuda a mantenerse centrado y a recordar la importancia de su dedicación, incluso cuando se enfrenta a obstáculos o contratiempos. Esta energía inspira sentimientos de seguridad y confianza en las relaciones y una sensación de camaradería o «espíritu de equipo». Vesta le ayuda a mantenerse concentrado en sus objetivos, sueños y ambiciones en la vida. Su energía también aporta equilibrio y armonía a cualquier situación, permitiendo mantenerse fiel a sí mismo y a sus valores. Cuando aprovecha el poder de Vesta, es disciplinado y apasionado en sus objetivos, sin dejar de ser amable y comprensivo con los demás.

Eros

Los astrónomos de todo el mundo están muy familiarizados con el asteroide Eros, un cuerpo celeste famoso por su significado cósmico. Se cree que influye en las personas en función de su fecha de nacimiento, ayudándolas a vislumbrar lo que les espera en la vida. Este cuerpo celeste tan especial interactúa con las partes más personales de la carta natal y transmite una energía asombrosa que ayuda a elevarse o a tambalearse, dependiendo de cómo se active. Los astrólogos se fijan en numerosos aspectos del asteroide Eros para obtener información sobre lo que ocurre tanto dentro como fuera de una persona. Eros ayuda con varios elementos que lo hacen realmente único, como enfrentarse a las fuerzas de sí mismo, comprender los propios deseos, mejorar las habilidades de comunicación y encontrar el tipo de amor adecuado. Sus efectos se sienten como ningún otro y proporcionan una fuerza poderosa para explorarse a sí mismo más profundamente.

A. Análisis del glifo

El glifo de Eros es un círculo con una flecha apuntando hacia abajo. Esto simboliza la poderosa y apasionada energía del amor y la capacidad de penetrar y abrir lo que antes estaba cerrado.

B. Palabras clave

Romance, pasión, intimidad, deseo, sensualidad.

C. Deidades asociadas

Eros, Afrodita, Cupido.

D. Signos del zodiaco regidos por él

Tauro, Libra.

E. Correspondencias

- Elemento: Agua.
- Color: Rojo y rosa.

- Cristales: Cuarzo rosa, granate.
- Número: 7.

F. Energía y efectos

Eros es el dios del amor, la pasión y la intimidad. Su energía le ayuda a abrir su corazón y a encontrar el valor para expresarse con autenticidad en las relaciones. Le anima a asumir riesgos y a abrazar sus deseos, a la vez que le da el valor para explorar nuevos caminos. Esta energía puede ayudarle a acceder a una conexión más profunda con usted mismo y con los demás, permitiéndole liberarse de sus inhibiciones y descubrir la pasión por la vida. Eros también le ayuda a abrirse al poder curativo del amor y a experimentar las alegrías de las relaciones íntimas. Con su energía, puede profundizar en la comprensión de usted mismo y de los demás y encontrar el valor para asumir riesgos y explorar sus pasiones.

Hygeia

Hygeia, o asteroide 10, es uno de los asteroides más grandes del Sistema Solar y se cree que tiene una poderosa influencia en la astrología. Bautizado con el nombre de la diosa griega de la salud, Hygeia fue descubierto en 1854 y desde entonces se ha convertido en una fuente de información para comprender nuestra naturaleza psicológica. La gente busca en su carta natal la colocación de Hygeia para encontrar una mayor claridad sobre los problemas de salud que afectan su trayectoria vital y cómo cuidar mejor de sí mismos. El asteroide simboliza la prevención, los límites saludables y los buenos hábitos, por lo que ayuda a las personas a recuperar el control sobre su bienestar. Además, con todos sus vínculos con fuerzas místicas que están más allá de nuestra comprensión, aprender más sobre Hygeia es toda una aventura.

A. Análisis del glifo

El glifo de Hygeia es un cuenco con una serpiente enroscada alrededor. Esto simboliza la protección, la curación y el alimento que Hygeia proporciona. También representa la necesidad de fronteras y límites en la vida, así como la capacidad para cuidar de nosotros mismos de forma holística.

B. Palabras clave

Salud, autocuidado, protección, fronteras, límites.

C. Deidades asociadas

Hygeia, Asclepio.

D. Signo del zodiaco regido por ella
Virgo.
E. Correspondencias
- Elemento: Tierra.
- Color: Verde y amarillo.
- Cristales: Jade, crisocola, ojo de tigre.
- Número: 9.

F. Energía y efectos

La energía de Hygeia anima a cuidar la salud física y emocional estableciendo límites y fronteras. Ayuda a encontrar la curación del cuerpo, la mente y el espíritu y enseña a cuidarse de forma holística. Esta energía también hace hincapié en la importancia de comprender sus límites y tener el valor de establecerlos para disfrutar de un estilo de vida saludable. La energía de Hygeia le anima a vigilar su autocuidado y su salud a la vez que le ayuda a reconocer su necesidad de límites. Por último, esta energía le enseña a escuchar a su cuerpo y a respetar sus avisos para mantenerse sano. La energía de Hygeia le ayuda a ser más conocedor y consciente de su bienestar, tomando mejores decisiones.

La astrología es una ciencia increíble para interpretar los mensajes sutiles del zodiaco y obtener información sobre la propia vida. Dos fuentes importantes que utilizan los astrólogos para comprender los astros son los asteroides y los nodos. Los asteroides ofrecen una interpretación detallada de la relación con los demás y con el mundo, mientras que los nodos significan puntos de inflexión importantes en la trayectoria vital. Juntos, estos elementos cósmicos aportan una perspectiva más profunda a los significados del signo del zodiaco. El estudio de estas poderosas herramientas puede ser increíblemente gratificante a medida que se explora el lenguaje, a menudo misterioso, del cosmos.

Capítulo 4: Los doce signos del zodiaco

Los signos del zodiaco permiten vislumbrar la magnificencia del cosmos al proporcionar una visión de cómo la energía de los planetas, los asteroides y los nodos de los sistemas solares afectan a las personas. Cada signo se corresponde con sus influencias únicas, que afectan distintas áreas de la vida, como la personalidad, las relaciones y las elecciones de estilo de vida. Al conocer los diferentes rasgos asociados a cada signo, puede aprender más sobre usted mismo y aplicar esta información para tomar mejores decisiones y vivir una vida plena. Consultar las predicciones astrológicas basadas en su signo del zodiaco proporciona una mayor sabiduría y comprensión. Es abrir la puerta a una perspectiva totalmente nueva.

La rueda del zodiaco
DG-RA CC0 1.0 Universal (CC0 1.0) Dedicación de dominio público,
https://creativecommons.org/publicdomain/zero/1.0/
https://openclipart.org/detail/307964/signs-of-the-zodiacs

Este capítulo explora en profundidad el significado de cada signo. Comienza con una breve descripción general de la rueda de signos del zodiaco. A continuación, profundiza en el examen detallado de cada signo, desde el significado de su glifo y símbolo hasta la introducción de su planeta regente, así como otras correspondencias (como los colores, los metales, las piedras y las partes del cuerpo). Al final de este capítulo, tendrá una idea más clara de lo que aporta cada signo y de cómo conforma su vida y su carácter.

Crea o no en la astrología, hay una belleza fascinante en la rueda de estrellas y planetas que deletrea un destino desde el nacimiento. Cada signo tiene sus características y rasgos asociados, desde el burbujeante Aries hasta el responsable Capricornio. En esta rueda del destino, podrá conocerse mejor a usted mismo, comprender más fácilmente a quienes le rodean, poner en marcha su creatividad y conseguir un temperamento más pacífico. No le dará respuestas exactas, pero le ayudará a tomar mejores decisiones en su viaje por la vida.

Una mirada más cercana a cada signo

Aprender sobre los signos del zodiaco es increíblemente esclarecedor y sorprendentemente preciso. Los signos del zodiaco se basan en los ciclos de la Tierra, según la astrología clásica. Su objetivo es proporcionar una visión de la personalidad, motivación e interacciones con los demás. Empiece por familiarizarse con las características únicas de cada signo del zodiaco, desde el espíritu aventurero de Aries hasta la sensibilidad de Piscis. A continuación, puede explorar la compatibilidad de su signo con los demás o profundizar en cómo cada uno interactúa de forma diferente con las relaciones, las trayectorias profesionales y mucho más. Prepárese para explorar este fascinante mundo. ¿Quién sabe lo que descubrirá sobre usted mismo?

Aries (21 de marzo-19 de abril)

Los nacidos entre el 21 de marzo y el 19 de abril tienen un temperamento fogoso y una actitud ansiosa que hace juego con su signo del zodiaco, Aries. Ninguna tarea es demasiado difícil para este signo tan decidido, lo que también significa que los nativos de Aries no suelen aceptar un no por respuesta. Concentran su increíble energía en lo que les apasiona de verdad. También mantienen la cabeza fría cuando se trata de otra cosa. Un Aries suele tomar la iniciativa en asuntos en los que los demás carecen de motivación o no están dispuestos a actuar. Si busca a alguien que no se arrepienta y lo dé todo en cualquier situación, un Aries es la persona perfecta.

A. Glifo y símbolo

El glifo de Aries es el de los cuernos de un carnero, mientras que su símbolo es el carnero. Ambos representan la determinación y la voluntad de ir más allá para alcanzar el éxito. Esto describe su naturaleza inquebrantable y el coraje y la determinación que muestran cuando se enfrentan a un desafío.

B. Palabras clave

Valentía, energía, decisión.

C. Elemento

El elemento de Aries es el Fuego, que representa la pasión y el entusiasmo. Las personas bajo este signo del zodiaco son todo acción y toman la iniciativa, lo que explica por qué a menudo parecen imparables.

D. Modalidad

Aries es un signo cardinal, lo que significa que suele liderar con entusiasmo y tener ganas de probar cosas nuevas. No le asusta correr riesgos ni ser el primero en saltar al vacío.

E. Planeta

Marte es el planeta regente de Aries, y su influencia puede verse en el temperamento fogoso y la naturaleza de voluntad fuerte.

F. Polaridad

Aries es un signo positivo, lo que significa que tiende a ser optimista, centrado y decidido en su enfoque.

G. Correspondencias

- Color: Rojo.
- Metal: Hierro.
- Piedra: Diamante.
- Parte del cuerpo: Cabeza y cara.

Tauro (20 abril-20 mayo)

El signo de Tauro se asocia con la estabilidad, la firmeza y la fiabilidad, rasgos esenciales en las relaciones más importantes de la vida. Regidos por Venus, el planeta de la belleza y el amor, estos amantes del zodiaco prefieren la comodidad y la seguridad en todos sus empeños. El elemento tierra de Tauro le confiere afinidad por la naturaleza, lo que a menudo le lleva a preferir las comodidades del hogar y un estilo de vida pausado. Le gusta vivir a un ritmo tranquilo, lo que le deja tiempo suficiente para disfrutar de las cosas buenas de la vida. Los nacidos bajo este signo poseen una gran perseverancia y determinación, así como una fuerte intuición para guiar sus decisiones. Sensuales por naturaleza, los Tauro son románticos, entregados y fieles, lo que les convierte en fantásticos amigos y compañeros.

A. Glifo y símbolo

El glifo de Tauro es la cabeza del toro, mientras que su símbolo es un toro. Representa la fuerte voluntad y determinación del signo, así como su lealtad a los seres queridos y su tendencia a permanecer firmes.

B. Palabras clave

Estabilidad, confianza, lealtad.

C. Elemento

Tauro es un signo de elemento es la Tierra, que simboliza la estabilidad y la confiabilidad. Este signo del zodiaco se caracteriza por la estabilidad y por tomarse su tiempo a la hora de tomar decisiones.

D. Modalidad

Tauro es un signo fijo, lo que significa que está centrados y decidido a mantenerse fiel a sus objetivos y valores. Tiene una confianza inquebrantable en sus convicciones y no vacila ni siquiera ante la adversidad.

E. Planeta

Venus es el planeta regente de Tauro, y su influencia puede verse en el aprecio de este signo por la belleza y el amor. Tienden a ser románticos, entregados y fieles, lo que les convierte en fantásticos amigos y compañeros.

F. Polaridad

Tauro es un signo positivo, lo que significa que tiende a ser optimista y a centrarse en sus objetivos. Tiene una fuerte voluntad y determinación que le permite mantenerse fiel a sus convicciones pase lo que pase.

G. Correspondencias

- Color: Verde.
- Metal: Cobre.
- Piedra: Esmeralda.
- Parte del cuerpo: Garganta y cuello.

Géminis (21 mayo-21 junio)

Géminis es el camaleón por excelencia. Cambiante y versátil, encaja en cualquier grupo de personas, independientemente de su procedencia. Los Géminis han nacido para comunicar y suelen hablar con una naturalidad que cautiva a quienes les rodean. Tienen conocimientos enciclopédicos almacenados en la cabeza, así que no se sorprenda si se pierde en una conversación con uno de ellos. Su mentalidad abierta y su curiosidad les impulsan a aprender más sobre el mundo y a buscar nuevas experiencias estimulantes. Todo esto hace de los Géminis unos amigos muy gratificantes que aportan muchas alegrías.

A. Glifo y símbolo

El glifo de Géminis son dos lunas crecientes, mientras que su símbolo son los gemelos. Esto simboliza la naturaleza dual del signo y su capacidad para adaptarse a cualquier situación.

B. Palabras clave

Adaptabilidad, versatilidad, inteligencia.

C. Elemento

Géminis es un signo de aire, que simboliza la necesidad de estimulación intelectual y la capacidad de pensar con rapidez. Se asocia con la comunicación, las ideas y la creatividad.

D. Modalidad

Géminis es un signo mutable, lo que significa que es flexible y abierto al cambio. Tiene facilidad para adaptarse a cualquier situación y alterna fácilmente entre distintas tareas.

E. Planeta

Mercurio es el planeta regente de Géminis. Su influencia se manifiesta en la agudeza intelectual y la excelente capacidad de comunicación de este signo.

F. Polaridad

Géminis es un signo positivo, es decir, optimista y abierto. Se adapta fácilmente a cualquier situación, y su entusiasmo y energía aportan mucha alegría.

G. Correspondencias

- Color: Amarillo.
- Metal: Mercurio.
- Piedra: Ágata.
- Parte del cuerpo: Brazos y manos.

Cáncer (22 junio-22 julio)

El signo zodiacal de Cáncer es conocido por su compasión y consideración. Las personas nacidas bajo el signo de Cáncer se consideran intuitivas y con una gran capacidad para comprender a los demás. Se esfuerzan por hacer que quienes les rodean se sientan seguros y cuidados emocionalmente. Estas cualidades, combinadas con su gran capacidad de supervivencia, los hacen fundamentales en cualquier proyecto de equipo. En las relaciones, tienden a ser leales, devotos y protectores con sus seres queridos. Aunque a veces pueden ser temperamentales o retraídos, demuestran una fuerza y una resistencia increíbles ante los mayores retos de la vida.

A. Glifo y símbolo

El glifo de Cáncer es el cangrejo, mientras que su símbolo es la pinza del cangrejo. Esto simboliza la capacidad para proteger y cuidar a sus seres queridos.

B. Palabras clave

Lealtad, cariño, protección.

C. Elemento

Cáncer es un signo de agua, que simboliza la fuerte naturaleza emocional y la necesidad de seguridad y estabilidad. Se asocia con la empatía, la sensibilidad y la intuición.

D. Modalidad

Cáncer es un signo cardinal, lo que significa que es impulsivo y orientado a objetivos. Les gusta tomar la iniciativa y hacer las cosas, sin importar el reto.

E. Planeta

La Luna es el planeta regente de Cáncer. Su influencia puede verse en la fuerte naturaleza emocional del signo y en su necesidad de seguridad.

F. Polaridad

Cáncer es un signo negativo, lo que significa que suelen ser introspectivos y empáticos. Son devotos de sus seres queridos y se esfuerzan por crear un entorno seguro para ellos.

G. Correspondencias

- Color: Plateado.

- Planeta: Luna.
- Piedra: Piedra de la luna.
- Parte del cuerpo: Pecho y estómago.

Leo (23 julio-22 agosto)

Leo es un signo de fuego, lo que significa que se inspira en gran medida en el sol. Los Leo luchan por el éxito y la energía, con el objetivo de hacerse notar y ser reconocidos. Las personas bajo este signo nacen con rasgos de liderazgo que les permiten tener éxito en casi cualquier camino que elijan en la vida. Siempre están dispuestos a probar algo nuevo, siempre buscan algo que satisfaga su necesidad de creatividad. Se trata de un signo inspirador de persistencia y valentía que nunca deja de llamar la atención de los demás. En general, los Leo siempre destacan entre la multitud por su naturaleza generosa y su actitud positiva. No es de extrañar que sea considerado uno de los signos del zodiaco más fuertes del momento.

A. Glifo y símbolo

El glifo de Leo es el león, mientras que su símbolo es una cabeza de león. Esto simboliza la naturaleza fuerte del signo, así como sus rasgos de liderazgo.

B. Palabras clave

Generosidad, energía, seguridad en sí mismo

C. Elemento

Leo es un signo de fuego, lo que simboliza su fuerte voluntad y pasión. Se asocia con la fuerza, el entusiasmo y la creatividad.

D. Modalidad

Leo es un signo fijo, lo que significa que es fiable, centrado y trabajador. Están decididos a terminar lo que empiezan y nunca renuncian a sus objetivos.

E. Planeta

El Sol es el planeta regente de Leo, y su influencia puede verse en el fuerte impulso y ambición del signo.

F. Polaridad

Leo es un signo positivo, es decir, seguro de sí mismo y apasionado. Son generosos y optimistas, y siempre se esfuerzan por mejorar el mundo.

G. Correspondencias
- Color: Dorado.
- Planeta: Sol.
- Piedra: Rubí.
- Parte del cuerpo: Corazón y columna vertebral.

Virgo (23 agosto-22 septiembre)

Si ha nacido entre el 23 de agosto y el 22 de septiembre, entonces es Virgo. Los Virgo tienden a ser muy analíticos y detallistas, por lo que son grandes ejecutivos o solucionadores de problemas. También valoran la ética y tratan a los demás con respeto. No es raro que sueñen a lo grande, pero den pasos medidos para alcanzar sus objetivos. Su capacidad de organización les permite destacar en todo lo que requiere precisión y atención al detalle, mientras que su percepción les ayuda a comprender el funcionamiento del mundo que les rodea. Aunque puedan parecer perfeccionistas, en el fondo son almas compasivas que se preocupan por mejorar su estilo de vida y por el bienestar de sus amigos y familiares. En general, tener un Virgo en la vida es una experiencia gratificante. Tendrá un amigo leal para toda la vida si se gana su confianza.

A. Glifo y símbolo
El glifo de Virgo es la doncella, mientras que su símbolo es una mujer virgen. Esto simboliza la pureza e inocencia del signo.

B. Palabras clave
Análisis, detalles, ética.

C. Elemento
Virgo es un signo de tierra, lo que simboliza su sentido práctico y su estabilidad. Se asocia con la estructura, el arraigo y la productividad.

D. Modalidad
Virgo es un signo mutable, lo que significa que es adaptable, flexible y abierto. Puede asumir fácilmente nuevas tareas y cambiar de dirección si es necesario.

E. Planeta
El planeta regente de Virgo es Mercurio, y su influencia puede verse en la mente analítica y el amor por la comunicación del signo.

F. Polaridad

Virgo es un signo negativo, lo que significa que tienden a ser más introvertidos y a preocuparse por los detalles. Se centran en mejorarse a sí mismos en lugar de depender de fuentes externas.

G. Correspondencias

- Color: Plata.
- Planeta: Mercurio.
- Piedra: Peridoto.
- Parte del cuerpo: Sistema intestinal.

Libra (23 septiembre-23 octubre)

Libra es un signo de aire, lo que significa que la creatividad y la curiosidad intelectual están en el núcleo de su ser. Los nacidos bajo el signo zodiacal de Libra tienen un sentido innato del equilibrio y la armonía, lo que les convierte en grandes solucionadores de problemas y pacificadores. Son criaturas sorprendentemente sociales, cuyo encanto hace que la gente se sienta a gusto, tanto amigos como conocidos y desconocidos, porque siempre pueden ver diferentes lados de situaciones o problemas complejos. Tanto si organizan fiestas como si simplemente la pasan bien, los Libra hacen más agradable cualquier acontecimiento. En última instancia, nada importa más a este signo que encontrar el equilibrio en todos los ámbitos de la vida, incluido el trabajo, el juego y las relaciones.

A. Glifo y símbolo

El glifo de Libra es la balanza, mientras que su símbolo es un par de balanzas equilibradas entre dos líneas horizontales. Esto simboliza la búsqueda del equilibrio y la justicia en todos los aspectos de la vida.

B. Palabras clave

Socialización, armonía, equilibrio

C. Elemento

Libra es un signo de aire, lo que simboliza su curiosidad intelectual y su creatividad. Se asocia con la comunicación, el conocimiento y la conexión de ideas.

D. Modalidad

Libra es un signo cardinal, lo que significa que es un líder natural que puede tomar las riendas y motivar a los demás. Se sienten impulsados a triunfar, pero su sentido de la justicia les impide tomar atajos.

E. Planeta

El planeta regente de Libra es Venus, y su influencia puede verse en el encanto y la belleza del signo.

F. Polaridad

Libra es un signo positivo, lo que significa que busca la armonía en todos los ámbitos de la vida. Se centra en conectar con los demás en lugar de depender de fuentes internas.

G. Correspondencias

- Color: Azul claro.
- Metal: Cobre.
- Piedra: Ópalo
- Parte del cuerpo: Espalda baja.

Escorpio (24 octubre-21 noviembre)

Son conocidos por ser personas apasionadas, intensas e intuitivas. Estas cualidades les convierten en grandes líderes. Los nacidos bajo Escorpio viven la vida con un fuerte sentido del poder y el propósito. Esto puede manifestarse en su profunda perspicacia y comprensión, a menudo viendo en el corazón de un problema o situación más rápidamente que otros. También tienen una determinación inquebrantable hacia el éxito, junto con una asombrosa capacidad de adaptación en tiempos difíciles que les ayuda a alcanzar sus objetivos. Con esta combinación de cualidades, no es de extrañar que a menudo se conviertan en líderes en la mayoría de las actividades que emprenden. Si conoce a alguien nacido bajo este signo zodiacal, no deje de apreciarle y de apreciar todo lo que aporta.

A. Glifo y símbolo

El glifo de Escorpio es un escorpión con la cola apuntando hacia abajo, que simboliza su capacidad para golpear con precisión y exactitud. Su símbolo es el mismo.

B. Palabras clave

Potencia, intensidad, adaptabilidad.

C. Elemento

Escorpio es un signo de agua, lo que simboliza su fuerte intuición y profundidad emocional. Se asocia con los sentimientos, las emociones y el inconsciente colectivo.

D. Modalidad

Escorpio es un signo fijo, lo que significa que se centra en encontrar fuerza y estabilidad. Son leales a sus seres queridos y tenaces en sus búsquedas, sin rendirse nunca hasta obtener el resultado deseado.

E. Planeta

El planeta regente de Escorpio es Marte, y su influencia puede verse en el coraje y la determinación del signo.

F. Polaridad

Escorpio es un signo negativo, lo que significa que se centra más en las fuentes internas de poder que en las externas.

G. Correspondencias

- Color: Rojo oscuro.
- Metal: Acero.
- Piedra: Topacio.
- Parte del Cuerpo: Órganos reproductores.

Sagitario (22 noviembre-21 diciembre)

Los Sagitario son conocidos por tener personalidad enérgica, mente abierta y valentía. Tienen algo único que ofrecer al mundo: expresan sin miedo sus verdades interiores a través de sus mentes curiosas y su entusiasmo. Además, hacen muy buenos amigos, ya que son divertidos y amenos. Así que, si conoce a un Sagitario (¡o es uno!), prepárese para un montón de aventuras, nuevas experiencias y conversaciones interesantes.

A. Glifo y símbolo

El glifo de Sagitario es un arquero con el arco y la flecha apuntando hacia arriba. Simboliza su aspiración de éxito y su afán por explorar nuevos territorios. Su símbolo es el mismo.

B. Palabras clave

Energía, apertura, valentía.

C. Elemento

Sagitario es un signo de fuego, lo que simboliza su pasión y entusiasmo naturales. Se asocia con la acción, el impulso y la expresión creativa.

D. Modalidad

Sagitario es un signo mutable, lo que significa que se centra en el cambio, el crecimiento y la transformación. Se adapta a su entorno y siempre busca formas de ampliar su comprensión del mundo.

E. Planeta

El planeta regente de Sagitario es Júpiter, y su influencia puede verse en el optimismo, la fe y la naturaleza expansiva del signo.

F. Polaridad

Sagitario es un signo positivo, lo que significa que se centra más en las fuentes externas de poder que en las internas.

G. Correspondencias

- Color: Azul claro.
- Metal: Estaño.
- Piedra: Turquesa.
- Parte del cuerpo: Caderas.

Capricornio (22 de diciembre-19 de enero)

Capricornio es uno de los signos más equilibrados y poderosos del zodiaco. Puede mantenerse centrado y organizado en cualquier situación. Su comportamiento constante significa que puede labrarse un camino único hacia el éxito a través de la dedicación, la inteligencia y la perseverancia. Como signo de tierra, es trabajador y aprecia las comodidades, lo que le convierte en un excelente proveedor para sí mismo y para quienes le rodean. Tanto si se trata de mantenerse al frente de sus objetivos personales como de entablar relaciones con los demás, Capricornio sin duda saca lo mejor de cualquier situación.

A. Glifo y símbolo

El glifo de Capricornio es una cabra marina, que representa la capacidad del signo para mantenerse a flote en cualquier situación y su capacidad de adaptación. Su símbolo es el mismo.

B. Palabras clave

Constancia, dedicación, inteligencia y perseverancia.

C. Elemento

Capricornio es un signo de tierra, lo que simboliza su sentido práctico y su arraigo a la tierra. Se asocia con la comodidad material, la estabilidad y la fiabilidad.

D. Modalidad

Capricornio es un signo cardinal, lo que significa que se centra en iniciar proyectos, liderar a otros y pasar a la acción. Se les da muy bien fijar objetivos, aprovechar las oportunidades y hacer las cosas.

E. Planeta

El planeta regente de Capricornio es Saturno, y su influencia puede verse en la disciplina, el enfoque y la ambición del signo.

F. Polaridad

Capricornio es un signo negativo, lo que significa que se centra más en las fuentes internas de poder que en las externas.

G. Correspondencias

- Color: Marrón.
- Metal: Plomo.
- Piedra: Ónice.
- Parte del Cuerpo: Rodillas.

Acuario (20 de enero-18 de febrero)

Acuario es un signo zodiacal único e interesante en muchos sentidos. Representado por un portador de agua, suele poseer cualidades visionarias que podrían considerarse adelantadas a su tiempo. Aportan una perspectiva refrescante al mundo y tienden a pensar de forma diferente a los demás en diversas situaciones. Los nacidos bajo este signo suelen tener valores sólidos y se muestran bastante independientes, lo que les confiere una fuerte aura de resistencia. Debido a su naturaleza excéntrica, los individuos de Acuario son intrépidos solucionadores de problemas, conocidos por ser extraordinariamente creativos. Son intuitivos y disfrutan sumergiéndose en las profundidades de conversaciones o pensamientos complejos. En definitiva, es justo decir que tener un amigo o familiar Acuario puede hacer la vida mucho más interesante.

A. Glifo y símbolo

El glifo de Acuario representa el agua, lo que simboliza su capacidad para pensar de forma profunda y poco convencional. Su símbolo es el portador de agua, que representa su disposición a ofrecer algo único y valioso.

B. Palabras clave
Visión, independencia, ingenio, creatividad.

C. Elemento
Acuario es un signo de aire, lo que simboliza su inspiración, intelectualidad y originalidad. Se asocia con la comunicación, la imaginación y la libertad.

D. Modalidad
Acuario es un signo fijo, lo que significa que se centra en mantener y sostener proyectos en lugar de iniciarlos. Se le da muy bien ser consecuente con sus planes y seguir adelante con sus objetivos.

E. Planeta
El planeta regente de Acuario es Urano. Su influencia puede verse en la pasión del signo por el progreso y la innovación.

F. Polaridad
Acuario es un signo positivo, lo que significa que se centra más en las fuentes externas de poder que en las internas.

G. Correspondencias
- Color: Azul eléctrico.
- Metal: Uranio.
- Piedra: Amatista.
- Parte del cuerpo: Tobillos.

Piscis (19 febrero-20 marzo)

Piscis es uno de los signos del zodiaco más misteriosos y compasivos. Las personas nacidas bajo este signo siempre están interesadas en ayudar, comprender y apoyar a los más necesitados. Tienen una profunda capacidad para ver la belleza en los demás, al tiempo que conectan con sus propias emociones y las comprenden. Saben escuchar con atención y son grandes solucionadores de problemas. Lo que les hace únicos es su capacidad para empatizar profundamente con alguien y ayudarle sin juzgarle ni agobiarle. Piscis utiliza su creatividad e intuición para aportar positividad a su vida y ayudarle a superar los momentos difíciles. En definitiva, Piscis es un alma antigua que vive en un mundo moderno, un verdadero faro de esperanza para quienes le rodean.

A. Glifo y símbolo

El glifo de Piscis es la representación de dos peces, que simbolizan la dualidad entre las emociones y la realidad. Su símbolo son dos peces atados, que representan su capacidad para estar en sintonía consigo mismo y con los demás.

B. Palabras clave

Compasión, comprensión, empatía y creatividad.

C. Elemento

Piscis es un signo de agua, lo que simboliza sus emociones profundas y su intuición. Se asocia con la comprensión, la espiritualidad y la sensibilidad.

D. Modalidad

Piscis es un signo mutable, lo que significa que se adapta bien a los cambios y es flexible en diferentes situaciones. Se le da muy bien probar cosas nuevas y arriesgarse cuando es necesario.

E. Planeta

El planeta regente de Piscis es Neptuno, y su influencia se manifiesta en la visión soñadora de la vida que tiene este signo.

F. Polaridad

Piscis es un signo negativo, lo que significa que se centra más en las fuentes internas de poder que en las externas.

G. Correspondencias

- Color: Verde mar.
- Metal: Platino.
- Piedra: Aguamarina.
- Parte del cuerpo: Pies

Al igual que cada individuo, cada signo del zodiaco tiene aspectos que lo hacen único y especial. Lo asombroso de la astrología es la forma en que todos los signos están conectados. Algo que es cierto para un signo también puede serlo para otro, aunque el comportamiento de cada uno de ellos puede variar mucho. Es casi como si la astrología proporcionara un lenguaje secreto con el que puede entenderse mejor a usted mismo y a quienes le rodean. Saber cómo interactúan los distintos signos del zodiaco no solo ayuda a apreciar mejor a las personas, sino que también fomenta la compasión y la comprensión. Tanto si cree en la astrología como si no, esta disciplina le ofrece una interesante lente para contemplar la naturaleza humana y las relaciones.

La rueda de los signos del zodiaco es una forma estupenda de aprender sobre el sistema de los doce signos. Nos recuerda lo profundamente conectados que estamos y cómo viaja la energía a través de los distintos signos. Podemos ver la contribución única de cada signo, como Aries, que es un signo de fuego ardiente; Libra, que equilibra la balanza con la justicia; Escorpio, que profundiza en los secretos; y Piscis, que aporta un elemento de agua calmante. No solo le ayuda a entenderse mejor a usted mismo, a conocer sus puntos fuertes y sus debilidades, sino que también le ayuda a comprender a quienes le rodean. Observando las poderosas conexiones entre los signos zodiacales, puede obtener una valiosa perspectiva de sus relaciones y crear vínculos más armoniosos en la vida.

Dedique tiempo a aprender más sobre cada signo para comprender mejor la astrología y cómo le afecta. Estudiar los signos del zodiaco es un ejercicio interesante y esclarecedor que le ayudará a determinar cómo utilizar mejor sus energías en la vida.

Capítulo 5: Signos solares, lunares y ascendentes

Su signo zodiacal representa ciertos rasgos y características dependiendo de cuándo nació. Hay capas adicionales que aportan aún más información sobre su personalidad. El signo solar detalla los aspectos básicos de quién es, la forma en que interactúa con el mundo que le rodea. Los signos lunares, por su parte, ejemplifican cómo se forma su personalidad y sus valores a partir de acontecimientos y experiencias pasadas. Mientras tanto, los signos ascendentes indican sus talentos y cualidades ocultos, representando un estado funcional innato que no está influido por su pasado. Conocerlos puede ayudarle a comprenderse mejor y a vivir la vida con más plenitud.

Cada signo del zodiaco se manifiesta de forma diferente si es signo solar, lunar, ascendente o descendente

https://pixabay.com/es/photos/reloj-astronomico-praga-226897/

En este capítulo se analiza el papel de cada signo, así como las percepciones que se obtienen de cada uno de ellos. También se repasa cada uno de los doce signos zodiacales y se explica cómo se manifiestan como signos solares, lunares, ascendentes y descendentes. De este modo, comprenderá mejor su verdadero yo y el inmenso potencial que hay en usted. Su trabajo consiste en desbloquear y aprovechar al máximo ese potencial. Aunque puede resultar difícil, el viaje merece la pena.

Signos solares

¿Se ha preguntado alguna vez qué signo astrológico se corresponde a su personalidad? Los signos solares son una forma interesante de aprender más sobre usted mismo y sobre las personas que le rodean. Revelan mucho sobre sus rasgos de carácter, desde sus mejores cualidades hasta los hábitos molestos que no puede dejar de lado. Conocer su signo solar le permite apreciar lo mucho que tiene en común con los nacidos bajo el mismo signo, lo que da mucho que pensar. Tanto si cree en él como si no, explorar su signo solar es muy beneficioso. Merece la pena aprender más y ver lo preciso que puede ser.

Rol en la astrología

Los signos solares son una parte esencial de la astrología, ya que proporcionan una visión de la naturaleza única de cada signo. La gente suele preguntar cómo afecta la posición de las estrellas o los planetas a sus vidas y personalidades, y la respuesta es que todo está determinado por los signos astrológicos. Determinan el signo zodiacal de una persona, que revela sus tendencias, puntos fuertes y debilidades. Los signos solares tienen que ver principalmente con los rasgos del carácter y el yo interior de cada uno, y no con acontecimientos externos como las oportunidades laborales o las relaciones. En definitiva, observar el signo solar de alguien es una buena forma de saber más sobre quién es.

Información que aportan

Una de las perspectivas más esclarecedoras que proporciona el estudio de los signos solares es la comprensión del comportamiento, las tendencias y el destino. El conocimiento de los doce signos del zodiaco permite obtener una perspectiva de sí mismo y de los demás. Puede escuchar innumerables historias sobre los demás, saber cómo enfocan su vida y cómo se relacionan con sus seres queridos para ampliar aún más su comprensión. La astrología de los signos solares profundiza su conexión con los demás, ya que aporta valiosas perspectivas vitales. También puede ayudarle a hacer predicciones, ya que le muestra la estructura y la dirección hacia la que se dirige interpretando la sincronización de los movimientos celestes. Conocer las características individuales asociadas a cada uno de los signos astrológicos le proporciona una mayor claridad sobre los patrones que pueden surgir en su viaje.

Signos lunares

Comprender cuál es su signo lunar le da una mayor visión de usted mismo, ya que le indica cómo reacciona a sus emociones y le da pistas sobre cómo maneja el estrés. Le proporciona información sobre su vida interior, pistas sobre cómo gestiona sus relaciones personales y le da una idea de quién es usted bajo la superficie. En resumen, conocer su signo lunar le ayuda a comprenderse mejor a sí mismo y a quienes le rodean. Con un poco de investigación, conocimiento y práctica, puede utilizar su signo lunar para desarrollar un sentido seguro de sí mismo.

Rol en la astrología

Cuando se trata de astrología, los signos lunares son increíblemente esclarecedores. Proporcionan información sobre su composición emocional, ayudándole a comprender mejor cómo las emociones influyen en sus reacciones y decisiones. Tanto si está familiarizado con los fundamentos de la astrología como si acaba de descubrirla, reconocer lo que su signo lunar dice de usted le conducirá a un mayor conocimiento de sí mismo y a una mayor realización. Cada signo del zodiaco tiene sus rasgos únicos en lo que respecta a las emociones. Con una comprensión más profunda de estos rasgos, puede desbloquear nuevos niveles de autoconocimiento verdaderamente poderosos y transformadores.

Información que aportan

Es fácil quedar atrapado en el ajetreo y el bullicio de la vida cotidiana, por lo que tomarse unos minutos para conocer su signo lunar puede darle claridad sobre cómo abordar cada día. Conocer su signo lunar le permite comprenderse mejor a sí mismo y las motivaciones que le impulsan. También fortalece sus relaciones con las personas que le rodean, ya que le ayuda a reconocer lo que impulsa su comportamiento. Además, conocer su signo lunar le permite diferenciar mejor las decisiones positivas de las que resultan perjudiciales. Si se toma en serio y se utiliza correctamente, este conocimiento contribuye a una vida con más sentido y propósito.

La gente suele centrarse en los signos solares, el día y el mes de nacimiento, pero la astrología ofrece mucho más. Cuando se fija en la posición de su signo lunar en las casas astrológicas, puede ver lo que le influye emocional y espiritualmente. Saber esto le ayuda a encontrar equilibrio y paz interior. El conocimiento que aportan los signos lunares sobre las emociones, los hábitos, los comportamientos y las tendencias es inestimable, ya que permite conocer más profundamente el verdadero propósito en la vida.

Signos ascendentes

Conocer su signo ascendente es una experiencia reveladora. Es el signo del zodiaco asociado con el grado del cuadrante oriental en el momento de su nacimiento. En función de su ubicación y zona horaria, tiene en cuenta la posición exacta del Sol respecto de la Tierra. Buscar su signo ascendente le da una visión única sobre qué tipo de persona es y por qué tiene ciertos rasgos de personalidad o perspectivas que le diferencian de los demás. Saber más sobre su signo ascendente es una forma estupenda de entenderse mejor y estar orgulloso de quién es.

Rol en la astrología

En astrología, el signo ascendente desempeña un papel crucial. A menudo denominado simplemente «ascendente», es el signo que se alzaba en el horizonte en el momento exacto de su nacimiento y dice mucho sobre sus rasgos externos de personalidad y sobre cómo se presenta ante los demás. Los ascendentes explican por qué dos personas con signos solares similares pueden tener personalidades drásticamente diferentes. El ascendente de una persona la hace realmente única. El hecho de que todo esto esté determinado por un solo momento en el tiempo habla de la increíble complejidad y belleza de la astrología.

Información que aportan

El signo ascendente, también conocido como ascendente, proporciona un nivel más profundo de autoconocimiento y comprensión. Es tan crucial para la carta natal de una persona como el Sol, la Luna y los demás planetas. Su signo ascendente influye directamente en su forma de relacionarse con el mundo que le rodea, su visión de la vida y su relación con los demás. Saber más sobre él le ayuda a comprender por qué surgen ciertas complicaciones o problemas en áreas como las relaciones y las trayectorias profesionales. Con la interpretación adecuada, puede revelar cosas como por qué respondemos emocionalmente de una determinada manera o incluso por qué sentimos que falta algo en una relación. Buscar asesoramiento profesional o dedicar algo de tiempo a explorar una carta astral permite utilizar los signos ascendentes para obtener una mayor claridad sobre las personas y el camino de la vida.

Descendentes

La astrología es una antigua tradición con numerosas aplicaciones e interpretaciones que ayudan a comprender mejor el mundo. Una de estas áreas de estudio, particularmente interesante en los tiempos modernos, es el estudio del descendente en astrología. El descendente muestra cómo se relaciona e interactúa con quienes le rodean, incluidos familiares, amigos y compañeros. A menudo revela los rasgos ocultos de su personalidad, así como la forma en que se muestra en relaciones de todo tipo. Conocer estos componentes de usted es de gran ayuda para su viaje por la vida. Comprender el descendente y lo que simboliza puede ser complicado, pero con un poco de investigación y exploración de herramientas astrológicas como las cartas astrales y los símbolos del zodiaco, usted también puede aprender más sobre sí mismo.

Rol en la astrología

Mucha gente ha oído hablar de la carta y sabe que se divide en doce secciones, cada una de las cuales representa un área de la vida. Sin embargo, pocos saben lo que representa el «descendente». El descendente es el signo situado en la cúspide de la séptima casa y suele simbolizar las relaciones con los demás, tanto platónicas como románticas. Muestra aspectos únicos de su carácter que pueden encontrarse en las relaciones íntimas o de pareja y la forma en que usted crea esas conexiones. Los conocedores de la astrología creen que el descendente desempeña un papel importante en la comprensión de sí mismo e incluso en la predicción del futuro.

Información que aportan

La astrología tiene muchos temas fascinantes que ofrecen perspectivas sorprendentes sobre nosotros mismos y nuestro futuro. Uno de ellos es el concepto de descendente, que tradicionalmente marca la séptima casa en una carta astrológica. El descendente representa las relaciones en su vida y cómo se desenvuelve en ellas y es percibido por los demás.

Ofrece información muy valiosa sobre uno mismo, como la forma de manejar la intimidad, las colaboraciones y las relaciones personales.

Además, influye en el modo en que afronta las percepciones que el público tiene de usted y le permite ser consciente de posibles problemas. Conocer su descendente en la astrología le dará mucha información sobre sus relaciones y le hará entender por qué atrae a determinadas personas o situaciones a su vida. Comprenderse mejor a usted mismo conduce a conexiones más fuertes y satisfactorias con quienes le rodean. Así que, ¡conozca el suyo!

Los signos del zodiaco

Es hora de volver a visitar su signo del zodiaco y explorar qué más puede decirle sobre usted. El signo solar tradicional, determinado por el mes y la fecha de su cumpleaños, solo ofrece una visión básica de la personalidad de alguien. Cuando se observan las cartas natales de las personas en función de su signo lunar y ascendente, se revela toda una nueva capa de complejidad. El signo lunar simboliza los sentimientos y emociones más íntimos, mientras que el ascendente revela cómo le perciben los demás, y esta combinación crea un retrato único de cada individuo. Con un universo en constante cambio que influye en su vida diaria, tener en cuenta sus tres signos arroja algo de luz sobre lo que le mueve.

Aries

Aries es un signo audaz, apasionado y enérgico que puede aportar una chispa extra a cualquier conversación, proyecto o situación.

Como signo solar

Con Aries como signo solar, está lleno de coraje y ambición, lo que le hace estar decidido a hacer las cosas.

Como signo lunar

Su signo lunar refleja sus emociones y la persona interior que es. Con la luna en Aries no tiene miedo de expresar sus estados de ánimo, sentirse a gusto y ser sincera sobre los altibajos de la vida.

Como signo ascendente

Su signo ascendente es la cara pública que presenta al mundo, que para Aries puede estar representada por la fuerza y la determinación. No hay quien pare a un Aries cuando se propone algo.

Como descendente

Su descendente revela cómo maneja las relaciones como Aries, y con este signo puede venir la audacia cuando se trata de búsquedas románticas. Tienden a ser ferozmente leales y apasionados cuando se trata de sus relaciones. Esto a veces puede parecer intenso, pero en última instancia buscan establecerse con alguien a quien realmente amen y en quien confíen.

Tauro

Tauro es un signo estable y fiable que a menudo prefiere ir despacio y con calma.

Como signo solar

Las personas con Tauro como signo solar suelen tener los pies en la tierra y un fuerte sentido de la autoestima. Saben lo que necesitan y no temen tomar lo que es suyo.

Como signo lunar

Con la luna en Tauro siente firmemente sus creencias, rara vez las toman a la ligera y a menudo desafían a quienes les rodean.

Como signo ascendente

Un signo ascendente taurino suele indicar al mundo que esta persona es fiable y leal, algo que tiende a atraer admiradores.

Como descendente

Quienes tienen el descendente en Tauro muestran al mundo su necesidad de ser respetados y apreciados. Suelen buscar en sus relaciones el mismo tipo de amor y apoyo constantes que dan, y rara vez se conforman con menos.

Géminis

Géminis es un signo dualista al que le encanta explorar el mundo que le rodea.

Como signo solar

Los Géminis son curiosos por naturaleza, y a menudo sienten pasión por el conocimiento y la búsqueda de aventuras.

Como signo lunar

Quienes tienen luna en Géminis suelen ser bastante sensibles y pueden ser duros consigo mismos, lo que les dificulta abrirse a los demás.

Como signo ascendente

Un signo ascendente Géminis suele indicar adaptabilidad a nuevas situaciones y personas, lo que les facilita encajar rápidamente.

Como descendente

Los Géminis con signo descendente suelen buscar a alguien que les ayude a dar vida a sus ideas y sueños. Pueden ser ferozmente apasionados en sus relaciones y siempre están buscando algo que explorar y nuevas alturas que alcanzar.

Cáncer

Cáncer es un signo cariñoso al que le encanta cuidar de sus seres queridos.

Como signo solar

Las personas con Cáncer como signo solar suelen ser bastante compasivas y cariñosas, anteponiendo las necesidades de los demás.

Como signo lunar

Quienes tienen la luna en Cáncer son profundamente emocionales y a menudo pueden sentirse abrumadas por sus sentimientos.

Como signo ascendente

Un signo ascendente canceriano muestra a los demás que esta persona es amable y gentil, y a menudo velan por las necesidades de los que le rodean.

Como descendente

Quienes tienen Cáncer como signo descendente suelen mostrar al mundo lo mucho que necesitan sentirse profundamente conectados y queridos en sus relaciones. A menudo buscan a alguien que pueda compartir un vínculo emocional con ellos, alguien que pueda comprender sus sentimientos y apreciarlos como son.

Leo

Leo es un signo enérgico al que le encanta ser el centro de atención.

Como signo solar

Las personas con Leo como signo solar suelen ser seguras de sí mismas y les encanta ser el centro de atención.

Como signo lunar

Con la luna en Leo, las personas pueden ser muy expresivas y a menudo necesitan expresarse artísticamente.

Como signo ascendente

Un signo ascendente leonino puede mostrar a los demás que esta persona es apasionada y ambiciosa, y que a menudo busca causar un impacto en el mundo.

Como descendente

Con signo descendente Leo, las personas suelen buscar a alguien que sepa apreciar su audacia y entusiasmo. Necesitan estar con alguien que las anime a seguir esforzándose hacia delante y que, al mismo tiempo, les proporcione el apoyo y la seguridad que necesitan para sentirse cómodos.

Virgo

Virgo es un signo práctico al que le encanta ayudar a los demás.

Como signo solar

Las personas con Virgo como signo solar suelen ser muy detallistas y buscan la perfección.

Como signo lunar

Las personas con luna en Virgo son analíticas por naturaleza y a menudo pueden ser duras consigo mismas, buscando formas de mejorar y crecer.

Como signo ascendente

Un signo ascendente en Virgo suele mostrar que esta persona es organizada y fiable, y a menudo asume el papel de ayudar a los demás.

Como descendente

Con Virgo como signo descendente, las personas suelen buscar a alguien que les ayude a encontrar el equilibrio y la estabilidad en sus relaciones. Necesitan estar con alguien que esté a su lado cuando lo necesiten y que, al mismo tiempo, les dé libertad para crecer y explorar.

Libra

Libra es un signo armonioso que ama la belleza y la justicia.

Como signo solar

Las personas con Libra como signo solar suelen ser bastante diplomáticas y se esfuerzan por mantener la paz.

Como signo lunar

Las personas con luna en Libra suelen ser bastante idealistas y buscan formas de aportar equilibrio y armonía al mundo.

Como signo ascendente

Un signo ascendente en Libra suele indicar que esta persona es sociable y agraciada, a menudo buscando unir a la gente.

Como descendente

Las personas con signo descendente en Libra suelen necesitar a alguien que aprecie su pensamiento global y les ayude a mantener los pies en la tierra. Necesitan estar con alguien que esté a su lado cuando lo necesiten y que, al mismo tiempo, les dé libertad para expresarse.

Escorpio

Escorpio es un signo intenso al que le encanta explorar las profundidades de lo desconocido.

Como signo solar

Las personas con Escorpio como signo solar suelen ser bastante apasionadas y tienen un fuerte impulso de transformación.

Como signo lunar

Las personas con luna en Escorpio pueden ser bastante reservadas y a menudo necesitan explorar sus emociones para comprenderse mejor a sí mismas.

Como signo ascendente

Tener signo ascendente Escorpio suele indicar que esta persona es un misterio para los demás, a menudo busca descubrir los secretos del mundo.

Como descendente

Las personas con signo descendente en Escorpio suelen buscar a alguien que pueda sacar a relucir su lado más tierno, a la vez que comprenda y respete su necesidad de intimidad. Necesitan estar con alguien que sepa apreciar su intensidad y pasión, y que al mismo tiempo les deje espacio para explorar sus propias emociones.

Sagitario

Sagitario es un signo filosófico al que le encanta explorar el mundo.

Como signo solar

Las personas con Sagitario como signo solar suelen ser bastante aventureras y buscan nuevas experiencias.

Como signo lunar

Las personas con luna en Sagitario suelen ser bastante optimistas y se esfuerzan por llevar alegría y optimismo al mundo.

Como signo ascendente

Un signo ascendente en Sagitario suele mostrar que esta persona es amante de la diversión y entusiasta, a menudo busca expandir sus horizontes.

Como descendente

Las personas con signo descendente en Sagitario suelen necesitar a alguien que les anime a mantener la concentración y los pies en la tierra, al tiempo que valore su amor por el aprendizaje y la exploración. Necesitan estar con alguien que pueda aportar equilibrio y estabilidad a sus vidas, y a la vez les de la libertad de explorar nuevas ideas.

Capricornio

Capricornio es un signo ambicioso al que le encanta asumir nuevos retos.

Como signo solar

Las personas con Capricornio como signo solar suelen estar muy orientadas a los objetivos y se esfuerzan por alcanzar el éxito.

Como signo lunar

Las personas con luna en Capricornio pueden ser bastante serias y a menudo necesitan encontrar formas de conectar con los demás para comprenderse mejor a sí mismas.

Como signo ascendente

Un signo ascendente en capricorniano suele indicar que esta persona es decidida y práctica, y a menudo busca construir algo tangible.

Como descendente

Las personas con signo descendente en Capricornio suelen buscar a alguien que saque a relucir su lado más tierno y les ayude a relajarse y desconectar. Necesitan estar con alguien que pueda orientarles y apoyarles, al tiempo que les de libertad para perseguir sus objetivos.

Acuario

Acuario es un signo curioso al que le encanta explorar lo desconocido.

Como signo solar

Las personas con Acuario como signo solar suelen ser bastante progresistas y se esfuerzan por lograr cambios positivos.

Como signo lunar

Las personas con luna en Acuario pueden ser bastante rebeldes y a menudo necesitan expresar su individualidad para comprenderse mejor a sí mismas.

Como signo ascendente

Un signo ascendente en Acuario suele indicar que esta persona es independiente y progresista, y a menudo busca superar los límites de lo convencional.

Como descendente

Las personas con signo descendente en Acuario suelen buscar a alguien que saque a relucir su lado más tierno y les ayude a sentirse seguros. Necesitan estar con alguien que sepa apreciar su singularidad e individualidad y que, al mismo tiempo, les deje espacio para explorar sus ideas.

Piscis

Piscis es un signo compasivo al que le encanta ayudar a los demás.

Como signo solar

Las personas con Piscis como signo solar suelen ser bastante soñadoras y se esfuerzan por traer paz y equilibrio al mundo.

Como signo lunar

Las personas con luna en Piscis pueden ser bastante sensibles y a menudo necesitan expresar sus emociones para comprenderse mejor a sí mismos.

Como signo ascendente

Un signo ascendente en Piscis suele indicar que esta persona es gentil y bondadosa, y a menudo busca cuidar a las personas que le rodean.

Como descendente

Las personas con signo descendente en Piscis suelen buscar a alguien que pueda sacar a relucir su fuerza y confianza. Necesitan estar con alguien que les anime a asumir riesgos y a ser firmes, y que al mismo tiempo les deje espacio para explorar sus propias emociones.

En general, cada signo del zodiaco puede manifestarse de formas distintas en función de su ubicación en la carta astral, por lo que es fundamental tener en cuenta todos estos factores a la hora de interpretar la carta astral de una persona. Al obtener una comprensión más profunda del sol, la luna, el signo ascendente y el descendente en la carta natal de un individuo, puede obtener información sobre el carácter, las cualidades y los comportamientos de la persona. Tanto si busca orientación para su propia vida como si quiere comprender mejor a las personas que le rodean, adentrarse en el mundo de la astrología puede ser una excelente forma de obtener información y claridad.

El conocimiento de este capítulo puede proporcionar una mayor profundidad de comprensión acerca de cómo se comunican con los demás, sus valores y creencias, sus necesidades y deseos emocionales, así como la forma en que manifiestan su potencial más elevado. Con este conocimiento que aumenta nuestra conciencia de las influencias cósmicas en cada individuo de forma única, podemos desarrollar conexiones más significativas con los que nos rodean apreciando las diversas complejidades que componen a las personas en nuestras vidas.

Capítulo 6: Casas I. El ego, los recursos y la mente

La astrología es un estudio fascinante de los efectos que los planetas, las estrellas y otros cuerpos celestes tienen sobre la vida física y psicológica. Uno de sus componentes clave, que a veces se pasa por alto, son las casas de la carta astral. Cada casa tiene un significado individual y simbólico que se refiere a distintos aspectos de la vida, como el hogar, la familia y las relaciones. Estas casas sirven de guía para comprender e interpretar la información astrológica de un modo más personalizado. Estas percepciones pueden combinarse convenientemente con otras interpretaciones astrológicas para obtener una visión completa de cómo influyen los astros sobre su vida en la Tierra.

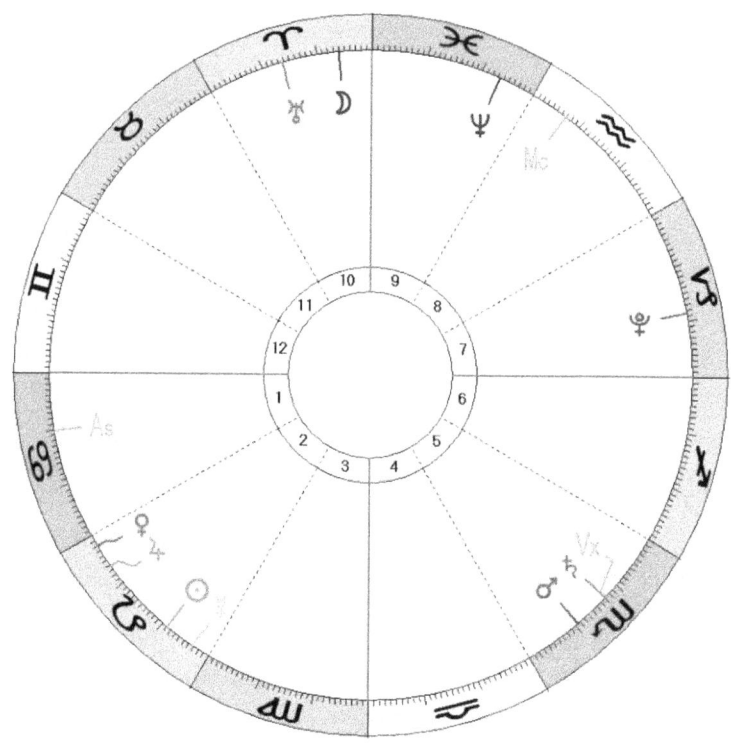

Casas astrológicas

Este archivo está bajo licencia Creative Commons Reconocer-Compartir bajo la misma licencia 4.0 Internacional. https://creativecommons.org/licenses/by-sa/4.0/deed.en
https://upload.wikimedia.org/wikipedia/commons/c/c7/Whole_Sign_house_divisions.jpg

Este capítulo explorará las casas de la carta astral. Exploraremos cada casa a fondo, examinando las cúspides, las palabras clave, los temas y los efectos de los diferentes planetas y signos zodiacales en cada casa. La comprensión de cada casa le permitirá comprender mejor cómo influyen los astros en su vida en la Tierra. Con este conocimiento, cada persona puede comprender mejor sus inclinaciones y motivaciones naturales, utilizando la colocación de los planetas en el momento de su nacimiento.

Las casas en Astrología

La astrología es un tema fascinante, lleno de profundidad y complejidad. ¿Sabía que utiliza el concepto de doce casas para representar diferentes aspectos de la vida? Estas casas se utilizan al interpretar una carta astrológica, y cada una habla de un área en particular, como el hogar, el dinero, los amigos, la carrera y más. Es increíblemente interesante cómo todas estas áreas específicas de la vida pueden ser caracterizadas por un antiguo sistema simbólico. Aunque no sea un entusiasta de la astrología, merece la pena dedicar tiempo a apreciar lo detallada y perspicaz que puede ser esta práctica.

Las 12 casas

Cúspides de las casas

¿Alguna vez ha visto similitudes entre personas con el mismo signo astrológico? Resulta que interpretar la carta astral es mucho más que conocer el signo solar. El concepto de las cúspides de las casas en astrología añade otra capa para crear una imagen más completa de quién es y de cómo le moldea el universo. Las cúspides de las casas son los puntos que dividen su carta natal en 12 secciones (o casas); cada una representa ciertos aspectos de su personalidad. Al estudiar dónde se sitúan planetas poderosos como Júpiter y Saturno en las cúspides de las casas, puede obtener información valiosa sobre cómo su energía juega en contra de las diferentes partes de la vida, para entenderse mejor a usted mismo y a los demás.

Tema

El tema de las casas depende de la casa en cuestión. La primera casa, por ejemplo, se conoce como la «casa del ego» y trata temas como la autoexpresión, la identidad y las primeras experiencias vitales. La segunda casa se conoce como la «casa de los recursos» y trata temas como el dinero, las posesiones y la seguridad material. La tercera casa, por su parte, se conoce como la «casa de la mente» y trata temas como la comunicación, la educación y los hermanos. En general, cada casa se refiere a un aspecto concreto de la vida, y el signo zodiacal que la rige desempeña un papel fundamental en su interpretación.

Análisis Planeta/Signo

El signo zodiacal que rige cada casa desempeña un papel fundamental en su interpretación. Por ejemplo, si su carta natal tiene a Aries gobernando la primera casa, puede esperar tener un fuerte sentido de valentía e independencia en su vida. Si Escorpio rige la octava casa, puede esperar tener una aguda percepción de lo más profundo de sí mismo y de los demás. Además, los planetas de cada casa también influyen en su interpretación. Planetas como el Sol, que representa la identidad de nuestro ego, pueden darnos una idea de cómo nos expresamos e interactuamos con los demás. Por su parte, la Luna, que representa las emociones internas y los deseos subconscientes, puede darnos una idea de cómo nos relacionamos con nosotros mismos a un nivel más profundo.

Casa I: Ego

En astrología, la primera casa simboliza el ego o la forma en que una persona se presenta al mundo. Es un factor importante para determinar la suerte y el destino de una persona a lo largo de su vida. No es de extrañar que quienes tienen una primera casa fuerte tiendan a proyectar con fuerza su confianza y voluntad interior para influir en el mundo que les rodea. Para los que tienen una primera casa débil, puede merecer la pena esforzarse un poco más para salir a la luz sin sentirse juzgados o etiquetados por los demás. Después de todo, los humanos estamos aquí por poco tiempo, así que asegúrese de expresarse.

Signo zodiacal y planeta regente

Aries, el primer signo del zodiaco, y Marte, el planeta de la ambición y el impulso, rigen ambos con gracia la primera casa. Con la combinación de las dos grandes fuerzas, esta casa contiene una energía guerrera sin igual. Las personas guiadas por este poder son fuerzas formidables con las que hay que contar y que se atreven a afrontar los retos difíciles de la vida sin retroceder ni quedarse en su zona de confort. Los nacidos bajo Aries y Marte saben que ningún reto es demasiado grande para ellos, siempre que utilicen su fuerza interior y su determinación para alcanzar sus objetivos. Puede haber momentos en el camino en los que surjan grandes obstáculos, pero esa energía ardiente no decaerá hasta obtener el éxito.

Cúspides y significado

La cúspide de la primera casa se conoce como ascendente (también llamado signo ascendente). Marca el comienzo de su viaje al mundo y proporciona una pista sobre cómo enfocará la vida. El descendente, por su parte, marca el final de su viaje por el mundo y le da una idea de cómo dejará su huella.

El Medio Cielo (MC: Medium Coeli) y el Bajo Cielo (IC: Immum Coeli) son otros dos puntos importantes de la carta que están relacionados con las cúspides de las casas. El MC representa su personalidad pública, mientras que el IC habla de su personalidad privada. Estos puntos pueden darle una idea de cómo le ve el mundo exterior y de las partes internas de usted que permanecen ocultas.

Principales palabras clave

Las principales palabras clave asociadas a la primera casa son ambición, propósito, identidad, autoexpresión y valentía.

Descripción del tema de la casa

La primera casa representa el carácter, la personalidad y el enfoque de la vida de una persona. Habla de cómo se expresa, de sus motivaciones y objetivos, y de cómo interactúa con los demás. Es la casa del ego, donde uno forma su identidad y la proyecta al mundo. También es la casa de la valentía y la voluntad interior, ya que hay que tener agallas para defenderse y arriesgarse para causar impacto. La primera casa habla de los cimientos de su ser, y es importante que preste atención a cómo se presenta al mundo.

Análisis planeta/signo

El planeta regente y el signo de la primera casa desempeñan un papel importante en su interpretación. El signo de Aries y el planeta Marte confieren a la primera casa su energía ardiente, destacando la ambición, la fuerza y el deseo de asumir riesgos para causar impacto. El Sol, por su parte, es el planeta de la identidad y el ego, y le da una idea de cómo se expresa ante el mundo. La Luna también desempeña un papel importante, ya que representa sus emociones internas y sus deseos subconscientes. Ayuda a comprender su relación con usted mismo y cómo puede cultivarla para crecer y convertirse en su mejor versión.

En general, la primera casa es una poderosa herramienta para explorar su identidad y cómo afecta a su trayectoria vital. Proporciona información sobre cómo se presenta al mundo y cómo puede utilizar su fuego interior y su coraje para causar impacto. Prestar atención a esta casa puede ayudar para comprenderse mejor y tomar las riendas de su destino.

Casa II: Recursos

La segunda casa de la astrología se conoce como la casa de los recursos, y se ocupa del dinero, las posesiones, la confianza en uno mismo y la seguridad material. Aclara cómo utiliza sus recursos para el crecimiento y la estabilidad. Esta casa afecta a los beneficios a través del trabajo, las herencias, los impuestos, las inversiones, el aumento del valor de los bienes y los aumentos de sueldo. Su preocupación por los valores tangibles, como los objetos físicos, la riqueza, las adquisiciones y los artículos de confort, también entra dentro de esta sección. Esta casa también refleja su capacidad para aferrarse o desprenderse de las cosas materiales de su vida con aceptación o resoluciones. La astrología puede ayudarle a comprender cómo sus decisiones financieras pueden estar influidas por los planetas y llevarle a formar un enfoque acertado para gestionar los recursos tanto material como psicológicamente.

Signo zodiacal y planeta regente

La segunda casa es uno de los lugares más interesantes para explorar en el cielo celeste. Esta casa está regida por el signo zodiacal de Tauro, junto con el planeta Venus. Ayuda a analizar cómo utiliza el dinero y otros recursos para garantizar su seguridad y de dónde proceden sus valores. Además, puede proporcionar información sobre qué tipo de posesiones le aportan alegría, ya sean materiales o de otro tipo. Conocer su segunda casa puede organizar sus finanzas y asegurar que toma decisiones acertadas a la hora de gastar y ahorrar; explorarla ampliará su conciencia cósmica.

Cúspides y significado de las casas

La cúspide de la segunda casa se conoce como el «cadente», y habla de su capacidad para gestionar los recursos, tanto materiales como psicológicos. Se asocia con el concepto de «riqueza» y refleja su capacidad para retener o desprenderse de las cosas materiales de su vida.

Principales palabras clave

Las principales palabras clave asociadas a la segunda casa son recursos, dinero, posesiones, confianza en uno mismo y seguridad material.

Descripción del tema de la casa

La segunda casa tiene que ver con la seguridad material, la forma en que utiliza sus recursos para crear riqueza y su capacidad para administrar el dinero. Representa lo que posee en el mundo físico y cómo lo utiliza para crear estabilidad. Esta casa también habla de su autoestima y de cómo se siente con respecto a su valía. Refleja el tipo de relación que tiene con el dinero, las posesiones y los objetos físicos y cómo esas relaciones pueden ayudarle o perjudicarle. Si comprende la segunda casa, podrá comprender cómo puede utilizar sus recursos para crear el tipo de vida que desea.

Análisis planeta/signo

Tauro y Venus son los regentes de la segunda casa, y su influencia puede verse en cómo manejamos nuestros recursos. Tauro es un signo de estabilidad y sentido práctico, que le anima a adoptar un enfoque práctico del dinero y las posesiones. Venus es el planeta de los valores, y le ayuda a comprender lo que valora en la vida y cómo puede utilizar sus recursos para crear estabilidad. Cuando estos dos planetas se combinan, le dan la capacidad de gestionar sus recursos de forma práctica y significativa.

En general, la segunda casa de la astrología puede ser una poderosa herramienta para comprender su relación con el dinero y las posesiones. Permite comprender cómo puede utilizar sus recursos para crear el tipo de vida que desea y construir la estabilidad que necesita para el éxito a largo plazo. Si presta atención a esta casa, podrá comprender mejor sus finanzas y cómo puede utilizarlas para crear el tipo de vida que desea.

Casa III: La mente

La tercera casa de la astrología es un campo de estudio fascinante. Al regir el reino de la información y la mente, puede verse como una puerta de entrada a la comprensión de cómo interactúa con el mundo que le rodea. Examina las cosas que afectan a sus decisiones y acciones, desde la comunicación a la educación, pasando por las teorías que considera verdaderas. Como humanos, debemos examinar cada parte de nuestra vida para evolucionar y crecer. Examinar la tercera casa es una forma de hacerlo. Un conocimiento más profundo conlleva una mayor conexión con uno mismo, y desvelar los secretos de este misterioso lugar puede llevarnos a importantes descubrimientos sobre nosotros mismos y nuestro mundo.

Signo zodiacal y planeta regente

La tercera casa, también conocida como la casa de la mente, está regida por el signo zodiacal Géminis y el planeta Mercurio. Regida por Géminis, esta casa está relacionada con la comunicación, las conexiones mentales entre las personas, los pensamientos, las ideas y las creencias que considera verdaderas. Piense que Géminis siempre está en movimiento, socializando y charlando, ¡ya que le encanta intercambiar ideas! Mercurio, por su parte, exige claridad mental. Se refiere a su capacidad para procesar información con rapidez y aplicar la inteligencia de forma fiable. En general, esta casa se ocupa de la forma en que usted da sentido a la información mental y verbalmente.

Cúspides y significado de las casas

La cúspide de la tercera casa, conocida como «sucedente», trata de la información, de cómo la asimila y cómo la procesa. Representa la forma en que aprende, piensa y expresa sus pensamientos.

Principales palabras clave

Las principales palabras clave asociadas a la tercera casa son comunicación, educación, trabajo en red, aprendizaje y análisis.

Descripción del tema de la casa

La tercera casa es el reino de la comunicación, las búsquedas intelectuales y el aprendizaje. Aquí puede explorar sus procesos de pensamiento, cómo asimila la información y cómo se expresa ante el mundo. Es la casa de la educación, la comprensión de cómo utiliza sus conocimientos para dar sentido al mundo que le rodea y cómo interactúa con los demás. Estudia cómo aprende y utiliza sus conocimientos para crecer. También habla de su capacidad para conectar con los demás, comprender sus puntos de vista y entablar relaciones significativas.

Análisis planeta/signo

Géminis y Mercurio son los regentes de la tercera casa, y su influencia puede verse en cómo pensamos y nos comunicamos. Géminis es el signo de la inteligencia y la comunicación, que le anima a explorar nuevas ideas y a expresarse sin miedo. Mercurio es el planeta de la lógica y la razón, que le ayuda a entender el mundo que le rodea y a comprender diferentes perspectivas. Cuando estos dos planetas se combinan, le dan las herramientas para pensar de forma crítica y comunicar ideas con eficacia.

En general, la tercera casa de la astrología es una poderosa herramienta para comprender cómo piensa, se comunica y aprende. Proporciona información sobre sus inquietudes intelectuales y la forma en que asimila la información del mundo que le rodea. Al examinar esta casa, puede comprender mejor su proceso de pensamiento y cómo éste determina sus acciones.

Explorar las casas de la astrología puede ser una experiencia esclarecedora, ya que proporciona información sobre todos los aspectos de la vida, desde los patrones de comportamiento hasta las relaciones. Profundizar en cada una de ellas puede proporcionarle una mejor comprensión de su personalidad y de la motivación de diferentes elecciones y experiencias. Incluso le aconsejan cómo puede responder a los retos y oportunidades que se le presenten.

Estudiar las casas de la astrología puede proporcionar una sabiduría inestimable que de otro modo permanecería desconocida, y que a menudo ofrece respuestas más satisfactorias que «simplemente seguir su instinto». Con este conocimiento, podemos obtener una mayor comprensión de nosotros mismos y de cómo interactuamos con el mundo. Al explorar las casas de la astrología, puede comprender mejor cómo se mueve por la vida y las elecciones que se le presentan.

Capítulo 7: Casas II. Hogar, creatividad y salud

La astrología existe desde hace siglos y aún hoy fascina e influye en las personas. El concepto de casas, compuesto por 12 divisiones, indica dónde se sitúa un cuerpo celeste (como el Sol o la Luna) en relación con su vida en un momento determinado. Las distintas casas astrológicas representan áreas diferentes de su vida. Conocer y comprender esta información puede ser muy valioso para conocerse mejor a usted mismo, ya que proporciona una visión objetiva de sus circunstancias pasadas, presentes y futuras.

Este capítulo se centrará en las casas astrológicas cuarta, quinta y sexta. Se sumergirá en cada una de estas casas para explorarlas a fondo. También examinará el signo zodiacal y el planeta regentes, las cúspides de las casas y sus significados, las principales palabras clave que las describen, una descripción del tema de cada casa y un breve análisis de los efectos y lecciones de cada planeta y signo zodiacal en esa casa. Con este conocimiento, podrá superar con mayor eficacia cualquier dificultad o problema que le plantee la vida.

Casa IV: El hogar

La cuarta casa astrológica suele considerarse el hogar más íntimo del alma. Rica en simbolismo y significado cultural, el estudio de esta casa tiene el potencial de ofrecer una poderosa visión del individuo y del papel que el hogar desempeña en su vida. Muchos se fijan en esta casa para descubrir lo que priorizan y valoran, con diversos aspectos dentro de ella, como los límites, la comunicación, los hermanos y el transporte, que ayudan a las personas a descubrir no sólo cómo les han afectado personalmente estas cosas, sino también cómo pueden utilizarlas en el futuro para alcanzar sus objetivos.

Desde un punto de vista astrológico, el concepto de «hogar» va mucho más allá de los aspectos físicos de tener un techo y la seguridad que le proporciona. El hogar es mucho más que una propiedad tangible. Se trata de cómo se vincula al espacio, a las personas y a los lugares, y de cómo se conecta energéticamente de maneras que dan forma a su existencia a gran escala. Moverse desde esta perspectiva le permite obtener una comprensión más completa del hogar como parte de su mapa único en esta Tierra.

Con un poco de reflexión y exploración, puede ver cómo cada área tiene su propio conjunto de arquetipos, tradiciones, condiciones ambientales y visión del mundo que dan forma en gran medida a su experiencia en la vida. Comprender estas dinámicas puede enriquecer enormemente la idea de hogar y proporcionar una visión aún más profunda de quién es como individuo.

Signo zodiacal y planeta regente

Géminis y su planeta regente, Mercurio, son una combinación interesante. Cuando estos dos cuerpos celestes trabajan juntos, pueden aportar una gran variedad de influencias a la cuarta casa. La energía extrovertida de Géminis aporta la curiosidad de querer aprender y explorar, mientras que Mercurio proporciona las habilidades de comunicación, el pensamiento claro y la agilidad mental necesarias para recopilar información. Como tal, espere mucha estimulación intelectual con respecto a todos los asuntos relacionados con esta casa.

Cúspides de las casas y su significado

La cúspide de la cuarta casa suele asociarse con el signo de Géminis, y a menudo se la conoce como la «puerta de Géminis». Esta cúspide marca un punto crucial en el viaje de la vida, ya que significa el comienzo de la autoexpresión y la exploración. La cúspide de Géminis es un punto de partida para cualquier idea, concepto o sistema de creencias nuevo. Es el punto en el que puede empezar a aplicar su conocimiento y comprensión del mundo que le rodea para encontrar su lugar.

Principales palabras clave

Las principales palabras clave de la cuarta casa astrológica son comunicación, ideas, información, exploración, viajes y hermanos. La cuarta casa astrológica tiene que ver con la comunicación, la expansión de los horizontes intelectuales, la conexión con los demás y la exploración de nuevos lugares. Es una gran oportunidad para ampliar su conocimiento y comprensión del mundo que nos rodea. Las principales palabras clave asociadas a esta casa son áreas de crecimiento potencial para cualquiera que decida prestarles atención. Ya sea intercambiando historias con un hermano o embarcándose en un viaje lejos de casa, esta casa le anima a explorar el mundo que le rodea para sacar el máximo partido a su vida.

Descripción del tema de la casa

La cuarta casa está relacionada con la comunicación y el intercambio de ideas. También se asocia con los viajes y la exploración, representando el deseo de aventurarse en el mundo y adquirir conocimientos. La cuarta casa tiene una fuerte conexión con los hermanos, ya que es la casa de la primera infancia y del desarrollo familiar. Esta casa es un lugar de crecimiento y aprendizaje donde los individuos pueden expandir sus mentes y descubrir nuevas perspectivas.

Análisis planeta/signo

Mercurio tiene una fuerte influencia sobre la cuarta casa, ya que se asocia con la comunicación y el entendimiento. Con sus poderes de elocuencia, ingenio rápido y agilidad mental, Mercurio puede ayudar a un individuo a obtener una mayor comprensión del mundo que le rodea. Esto se ve reforzado cuando su influencia se combina con la de Géminis, el signo asociado a esta casa. La energía de Géminis es curiosa y ávida de exploración, por lo que encaja a la perfección con el lado más intelectual y analítico de Mercurio. Estas dos fuerzas pueden crear una poderosa combinación que conduzca a un mayor crecimiento y comprensión personal.

El signo Géminis también está asociado a los hermanos y a esta casa, ya que refleja la conexión entre dos personas. Esta relación puede ser fuente de gran alegría, pero también de conflictos. La energía de Géminis fomenta el diálogo abierto y la comprensión, lo que puede ayudar a resolver cualquier problema que surja. También es un signo de exploración y aprendizaje, que puede conducir a descubrimientos y percepciones. Por último, Géminis también puede ser una gran fuente de estímulo y apoyo, ya que anima a las personas a alcanzar todo su potencial.

En general, la cuarta casa está relacionada con la comunicación, la exploración y una mejor comprensión de uno mismo y del mundo que le rodea. Es un lugar de crecimiento y aprendizaje en el que los individuos pueden encontrar nuevas perspectivas y obtener una mayor comprensión de sus propias identidades. A través de su conexión con el planeta Mercurio y el signo Géminis, esta casa puede proporcionar una abundancia de estimulación mental y exploración que conduce al crecimiento personal.

Casa V: Creatividad

La quinta casa de la Astrología es un área de estudio fascinante que explora las energías creativas que llevamos dentro. Esta casa se centra en áreas creativas como las aficiones, la expresión artística e incluso la hospitalidad. Es la parte de su interior que le permite ser creativo y probar cosas nuevas. También está asociada a sus emociones más íntimas y a los sentimientos de hogar y familia, que pueden influir enormemente en sus esfuerzos creativos. Explorar esta casa puede llevarle a descubrir talentos ocultos y a apreciar de nuevo su creatividad innata.

Al reconocer la quinta casa en la astrología, puede responder a preguntas como «¿qué me impulsa? ¿Qué habilidades poseo? ¿Cómo puedo recrear mi vida y descubrir quién soy realmente?». Este conocimiento permite una mayor comprensión de usted mismo y de sus relaciones con los demás. Así que, ¿por qué no dar el salto y sumergirse en este mundo místico de la perspicacia? Puede que le sorprenda el poder de su imaginación cuando se une a la sabiduría cósmica.

Signo zodiacal y planeta regente

La quinta casa está regida por el signo zodiacal de Cáncer y el planeta Luna. La influencia de estos dos confiere a esta casa una energía cargada de emociones, ya que la Luna rige nuestros sentimientos y emociones más íntimos. La energía de Cáncer también está fuertemente asociada con el hogar, la comodidad y la seguridad, proporcionando un entorno seguro y propicio para que florezca la creatividad. Esta combinación de energías permite una profunda conexión con el yo interior y anima a las personas a explorar todo su potencial.

Significado de las cúspides de las casas

La quinta casa está representada por las cúspides de Imum Coeli y Medium Coeli. Imum Coeli, que en latín significa «el más bajo de los cielos», representa el nivel inferior del zodiaco y se asocia con el hogar, la familia y los sentimientos internos. Esta cúspide es una puerta hacia el alma y anima a las personas a explorar su lado espiritual. Por otro lado, Medium Coeli, que en latín significa «el medio de los cielos», se asocia con las búsquedas intelectuales y la educación superior. Esta cúspide permite explorar el mundo del conocimiento y anima a las personas a ampliar sus horizontes.

Principales palabras clave

Las principales palabras clave de la quinta casa son creatividad, hogar, emociones, familia, sentimientos internos, exploración y espiritualidad. Es sin duda un lugar de confort y solaz, pero es capaz de mucho más. Cada parte de esta casa encierra algo especial, desde la creatividad que despierta en las personas hasta su capacidad para alimentar la vida familiar y las emociones. Ayuda a explorar las profundidades de los sentimientos internos a través de su guía espiritual, creando un espacio en el que uno puede sentirse seguro y en casa consigo mismo. Con todos estos bellos aspectos, no es de extrañar que muchas personas que entran en contacto con la quinta casa se sientan tan conectadas.

Descripción del tema de la casa

La quinta casa en astrología trata sobre el descubrimiento del potencial creativo que llevamos dentro. Anima a las personas a explorar sus emociones más íntimas y las posibilidades de la vida. Esta casa también está asociada con el hogar y la familia, que pueden servir como una fuerte fuente de orientación y apoyo para aquellos que lo buscan. Las energías de esta casa le permiten expresar sus sentimientos y descubrir un nuevo aprecio por usted mismo.

Análisis planeta/signo

La energía de la Luna y de Cáncer confiere a la quinta casa una fuerte carga emocional. La Luna, asociada con la energía femenina, trata de conectar con sus sentimientos y emociones más íntimos. A la inversa, Cáncer se asocia con el hogar y la vida familiar, lo que puede dar una mayor sensación de seguridad y estabilidad. Juntas, estas energías pueden ayudar a las personas a explorar su potencial creativo en un entorno seguro y enriquecedor. Con la influencia de la Luna, puede acceder a sus deseos más íntimos y expresarse con sentido. Con la energía de Cáncer, puede encontrar consuelo y seguridad en su vida familiar, lo que le permitirá explorar sus talentos creativos con mayor facilidad.

La quinta casa de la astrología anima a las personas a explorar su mundo interior y aprovechar su verdadero potencial. Al reconocer la importancia del hogar y la familia, puede descubrir un nuevo aprecio por sus talentos creativos y comprenderse mejor a sí mismo y sus relaciones con los demás. Con la energía de Cáncer y la Luna, puede explorar sus sentimientos más íntimos en un entorno seguro y enriquecedor y explotar su potencial creativo. Al explorar la quinta casa en la astrología, puede conocerse mejor a usted mismo y estar más en sintonía con sus emociones. En última instancia, esto puede ayudarle a encontrar su voz creativa y desbloquear su potencial.

Casa VI: Salud

La sexta casa de la astrología, la casa de la salud, indica lo sanos y fuertes que somos en nuestro cuerpo. Se cree que esta casa está relacionada con nuestro estado físico general, así como con nuestra vitalidad. También desempeña un papel a la hora de detallar dónde pueden residir sus puntos débiles en materia de salud. Para evaluar su salud desde un punto de vista astrológico, tendrá que echar un vistazo a esta casa y observar cómo se sitúan los distintos planetas en ella. Esto le ayudará a averiguar qué problemas de salud pueden estar presentes en su vida y le ofrecerá consejos sobre cómo mantenerse sano y alerta. Tenga en cuenta que mantenerse físicamente activo, comer bien y dormir lo suficiente pueden ayudarle mucho a mantenerse sano en general.

Signo zodiacal y planeta regente

La sexta casa, regida por Leo y el Sol, es un área de su carta que se centra intrínsecamente en el disfrute. Puede tratarse de cualquier cosa, desde aficiones creativas hasta pasiones profundas, lo que le permite tomarse un descanso de las luchas de la vida y simplemente divertirse. La influencia de Leo sugiere que aquí se trata de celebrar lo mejor de usted mismo, su seguridad personal y las nuevas y valientes ideas que le ayudan a ser quien es. Es un lugar para sentirse realmente vivo, disfrutar de su luz y demostrarse amor. Con el Sol como regente de esta parte de su viaje, asegúrese de sacar tiempo cada día para disfrutar de la vida.

Palabras clave principales

Aunque no sea la casa de la que más se habla, esta casa tiene cosas interesantes que ofrecer. Está relacionada con la salud, la vitalidad, la energía y el bienestar físico. Por lo tanto, si se siente mal o necesita reiniciar sus objetivos de bienestar, esta casa podría ser un buen lugar en su carta astral. También trae placer, alegría, creatividad, actividades de ocio (yoga y clases de pintura) y felicidad en general. Por lo tanto, recuerde que si busca entusiasmo y satisfacción, la sexta casa puede ser la respuesta.

Descripción del tema de la casa

En astrología, la sexta casa se asocia con la salud y el bienestar general. Habla de la vitalidad que tiene dentro de usted, así como de su fuerza física. Esta casa también puede revelar áreas de debilidad dentro de su salud y cómo abordar estas cuestiones. Además, habla del placer y la alegría que experimenta a través de aficiones creativas, pasiones y actividades de ocio. La sexta casa es un lugar para celebrar lo mejor de usted mismo, disfrutar de su luz y cuidarse. También es un lugar para explorar nuevas ideas y actividades que ayuden a dar forma a su identidad.

Análisis Planeta/Signo

El Sol, el regente de esta casa, está asociado con la creatividad y la alegría. le permite explorar su lado creativo y disfrutar de la vida. Con el Sol en esta casa, puede sentirse lleno de energía y vivo cuando se expresa a través de sus pasiones y aficiones. Leo también se asocia con esta casa, que aporta una sensación de confianza y audacia. Le anima a ser usted mismo y a disfrutar siendo único. Con este signo, puede sentirse intrépido en sus búsquedas y encontrar el valor para asumir riesgos. La Luna está asociada con la nutrición y el cuidado de uno mismo, que son claves para la salud y el bienestar. Este planeta le ayuda a observar más de cerca sus emociones, lo que le permite acceder a sus necesidades y priorizarse a sí mismo.

En general, la sexta casa de la astrología le ayuda a comprender mejor su salud física y su sensación general de alegría y placer. Le anima a explorar sus pasiones, asumir riesgos y tener confianza en sí mismo. Si aprovecha las energías de esta casa, aprenderá a dar prioridad a su salud y bienestar y a disfrutar de los pequeños placeres de la vida.

La cuarta casa en astrología es un espacio poderoso que habla de su hogar, familia y rutinas diarias. Si observa esta casa más de cerca, podrá comprender mejor cómo interactúa con su entorno y con las personas que le rodean. También puede obtener información sobre su sentido general de la alegría y el placer, lo que le permite tomarse un tiempo fuera de las luchas de la vida y divertirse.

La quinta casa de la astrología es un espacio igualmente poderoso relacionado con la creatividad, las pasiones y las actividades de ocio. Si aprovecha las energías de esta casa, aprenderá a dar prioridad a su salud y bienestar, a asumir riesgos y a disfrutar de los pequeños places de la vida. En definitiva, la sexta casa le recuerda que debe dedicar tiempo a su salud y bienestar, así como a actividades creativas y de ocio. Al explorar esta casa, podrá comprenderse mejor a sí mismo y cómo está conectado con el mundo que le rodea.

Capítulo 8: Casas III. Relaciones, crecimiento y viajes

Las casas astrológicas son una parte esencial de cualquier estudio astrológico. A través de estas doce casas, podrá conocerse mejor a usted mismo y a su entorno. Cada casa tiene un significado único, caracterizado por el regente planetario al que está asociada. El estudio de las casas puede permitirle comprender mejor tanto las energías cósmicas que actúan en su vida como la forma en que afectan a las personas cercanas a usted. Este conocimiento puede proporcionar una visión más profunda de las relaciones, las trayectorias vitales, los objetivos y mucho más. Las casas astrológicas le permiten comprenderse a usted mismo a un nivel completamente nuevo.

Este capítulo se adentrará en las casas séptima, octava y novena del zodiaco y explicará su significado en detalle. Comenzará explorando la séptima casa, que trata de las relaciones. A continuación, pasará a la octava casa, que se centra en el crecimiento y la transformación. Por último, se hablará de la novena casa, relacionada con los viajes y el aprendizaje superior. Cada casa se analizará en relación con su signo zodiacal y planeta regente, las cúspides de la casa y sus significados, las palabras clave principales, una descripción del tema de la casa y, por último, un breve análisis de cada planeta/signo de la casa. Al final, comprenderá mejor las casas astrológicas y cómo afectan a su vida.

Casa VII: Relaciones

La séptima casa astrológica trata de las relaciones y abarca todos los tipos de relación que se le ocurran. Desde el amor romántico más profundo hasta las amistades para toda la vida, pasando por las relaciones laborales con los compañeros de trabajo, esta casa del zodiaco puede decirle mucho sobre su conexión con los demás. Analiza cómo combina sus puntos fuertes y cómo maneja la comunicación en las relaciones. Puede aprender mucho analizando la séptima casa, lo que le permitirá conectar mejor con las personas que le rodean. Así que, ¿por qué no buscar lo que revela sobre sus relaciones y descubre cómo fortalecerlas?

Signo zodiacal y planeta regente

La séptima casa está regida por Libra y también por Venus. Libra, el signo del equilibrio, la armonía y la justicia, le ayuda a entender cómo cuidar las relaciones. Venus, el planeta del amor y la belleza, le anima a buscar relaciones que le aporten paz y alegría.

Cúspides de las casas y su significado

La séptima casa tiene su cúspide por el descendente y el Medium Coeli (MC). El descendente marca el comienzo de la séptima casa, indicando dónde está abierto a nuevas relaciones. El MC es el punto más alto de esta casa y simboliza la cima del éxito en una relación. También muestra lo que puede aprender de sus relaciones y cómo puede utilizarlas para crecer.

Principales palabras clave

La séptima casa astrológica tiene mucho que ofrecer en cuanto al análisis de las relaciones interpersonales. Las principales palabras clave asociadas a la séptima casa astrológica son relaciones, asociaciones, compromisos, comunicación y equilibrio. Esta casa le ayuda a desentrañar los retos y las celebraciones que conlleva compartir la vida con otra persona, ya sea un compañero sentimental, un familiar o incluso una mascota.

En esta casa se adquieren compromisos, grandes y pequeños, y se identifican las áreas en las que es necesario transigir. Para garantizar una comunicación fluida y unas relaciones equilibradas, es esencial comprender cómo se relacionan sus necesidades con las del otro para lograr asociaciones dinámicas y sólidas. La séptima casa es donde podemos empezar a aprender esta valiosa lección. La séptima casa le enseña que las relaciones son una calle de doble sentido y que nunca debe tener miedo de hablar.

Descripción del tema de la casa

La séptima casa astrológica es donde las relaciones y las asociaciones cobran protagonismo. Esta casa se centra en comprender sus propias necesidades y las de su pareja, en crear una relación equilibrada y sana. Es aquí donde aprenderá a comprometerse con los demás y a ser fiel a sí mismo. Esta casa estudia la dinámica de una relación, desde sus comienzos hasta su inevitable final. También le enseña que todas las relaciones tendrán sus altibajos y que es importante comunicarse eficazmente para superar cualquier problema que surja.

Análisis planeta/signo

Libra, el regente de la séptima casa, nos anima a buscar la armonía y el equilibrio en nuestras relaciones. Libra le ayuda a reconocer lo que necesita de su pareja y lo que usted puede aportar. Venus, también regente de esta casa, es el planeta del amor y la belleza. Le inspira para que cuide sus relaciones y las fortalezca. Ambos le ayudan a comprender cómo sus relaciones pueden beneficiarse de la comunicación, el compromiso y la comprensión mutua. Sea cual sea el tipo de relación que quiera cultivar, la séptima casa puede ayudarle a encontrar el camino.

Si profundiza en la séptima casa, podrá comprender mejor sus relaciones y aprender a fortalecerlas. Desde comprender la dinámica de una relación hasta encontrar el equilibrio, la séptima casa está llena de conocimientos que pueden ayudarle a crecer. Si explora esta casa, podrá conectar mejor con las personas que le importan y crear relaciones duraderas.

Casa VIII: Crecimiento

La octava casa en astrología tiene una mística propia. Se asocia con la transformación y el crecimiento, cambios poderosos que le permitirán un crecimiento personal acelerado. Además, la octava casa rige la salud, las finanzas y el sexo, este último siempre rodeado de misterio. Puede resultar incómodo pensar en estos temas en detalle o incluso en absoluto, pero puede ser revelador si lo hace con la mente abierta. Examinar su vida a través del lente de esta misteriosa casa tiene un enorme potencial para desvelar significados ocultos y profundizar en su comprensión de la vida.

Está relacionada con la idea de transformación y habla de la profundidad de su vida al adentrarse en un espacio que toca temas tabú como la sexualidad y la muerte. Esta octava casa tiene que ver con llegar a los detalles de la vida y experimentar la evolución a través de tiempos difíciles. Al enfrentarse a la mortalidad y aceptar el sexo como una parte natural del ser humano, puede abrazar el crecimiento de un modo que le lleve a niveles más profundos de autoconocimiento. Comprender esta casa le abre un camino para comprenderse aún más.

Signo zodiacal y planeta regente

La octava casa está regida por Escorpio y Plutón, ambos con una connotación de misterio y oscuridad. Pueden representar aspectos conflictivos e incómodos de la vida que preferimos evitar. Sin embargo, aunque esta casa puede traer consigo algunas lecciones difíciles e incertidumbres, también aporta poderosas oportunidades de crecimiento. La energía transformadora de Plutón puede ser increíblemente fortalecedora si se lo permitimos. Escorpio le anima a escarbar en las profundidades de su psique y descubrir las partes ocultas de usted mismo que tal vez ni siquiera quiera admitir que existen.

Las cúspides de las casas y su significado

Las cúspides de la octava casa son el Medio Cielo y el ascendente. El Medio Cielo, también llamado Medium Coeli, se asocia con nuestra vida pública y nuestras aspiraciones. Habla de lo que esperamos conseguir en la vida, pero también conlleva el potencial de transformación y crecimiento. El ascendente, o Imum Coeli, está relacionado con su vida personal y con cómo interactúa con el mundo que le rodea. Refleja su personalidad, cómo se presenta al mundo y cómo asimila la información de su entorno.

Principales palabras clave

La octava casa en astrología se asocia con los rasgos más complejos y desafiantes de la vida. Transformación, crecimiento, regeneración y renovación son palabras clave que reflejan el ciclo constante de cambio, pero esta casa también abarca tabúes como la mortalidad, la muerte y el sexo. Lejos de ser un área a pasar por alto, estos temas ofrecen una oportunidad única para comprender mejor su vida y la forma en que interactúa consigo mismo y con los demás. Este puede ser un estimulante viaje de maestría a medida que desvela los misterios de la octava casa.

Descripción del tema de la casa

La octava casa en astrología es una fuerza poderosa y misteriosa. Esta casa trata de la transformación, de desafiar sus creencias y de explorar las profundidades de su psique. Abarca temas difíciles como la mortalidad, la muerte y el sexo de una forma que le permite enfrentarse a estas áreas de su vida con comprensión y aceptación. A pesar de la naturaleza difícil de estos temas, abrazar la octava casa puede ser increíblemente gratificante, ya que le proporciona una mayor comprensión de usted mismo y de su lugar en el mundo.

Análisis planeta/signo

La octava casa está regida por Escorpio, que conlleva un sentido de transformación y cambio. Aunque pueda parecer desalentador, abrazar la energía de Escorpio puede permitir explorar sus deseos más íntimos y encontrar un camino hacia el crecimiento personal. La fuerte conexión de este signo con el sexo le brinda la oportunidad de comprender mejor su sexualidad y lo que significa para usted como individuo.

El planeta regente, Plutón, está relacionado con el poder y el control. Puede resultar difícil enfrentarse a aspectos de su vida que tal vez teme, pero la energía de Plutón le da la fuerza necesaria para seguir adelante. También habla de su capacidad para regenerarse y encontrar una nueva vida tras la muerte. Al abrazar la energía de Plutón, puede encontrar la fuerza y el valor para enfrentar sus miedos y superarlos.

En última instancia, comprender la octava casa le proporciona una mayor comprensión de usted mismo y de su viaje en la vida. Le permite enfrentar temas difíciles como la muerte y la sexualidad, al tiempo que le brinda oportunidades de crecimiento. Con su energía misteriosa y poderosa, la octava casa puede ser un área de la astrología increíblemente gratificante para explorar.

Casa IX: Viajes

La novena casa astrológica se asocia con el conocimiento, la expansión de los horizontes mentales y la búsqueda de la verdad espiritual. También se centra en el desarrollo de una mejor comprensión de usted mismo y de cómo interactúa con el mundo que le rodea. Por lo tanto, si siente el impulso de lanzarse a la aventura y explorar nuevos lugares, física o emocionalmente, ¡quizás sea la novena casa astrológica la que esté susurrando en su cabeza! ¿Y por qué no? Experimentar culturas diferentes amplía sus perspectivas y le ayuda a conocerse mejor y a los demás al mismo tiempo.

La novena casa astrológica es un área de interés que puede aportar gran profundidad y significado a nuestras vidas. Habla de su sentido de la maravilla y la aventura y ofrece espacio para la reflexión y la comprensión. Los viajes le enseñan a conocer otras culturas, le exponen a diferentes perspectivas y mejoran su capacidad para comunicarse con aquellos con los que se encuentra. Tanto si es un trotamundos como un viajero de un día, esta casa le brinda la oportunidad de vivir nuevas experiencias que podrá llevar consigo para siempre.

Signo zodiacal y planeta regente

La novena casa está regida por Sagitario y su planeta regente, Júpiter. Júpiter simboliza la suerte, la expansión y la oportunidad, cualidades esenciales para el éxito de la exploración. Con la influencia de Júpiter, es más probable que encuentre suerte y abundancia en sus viajes, lo que le permitirá estar más abierto a nuevas experiencias y posibilidades.

Sagitario es el signo de la exploración y el conocimiento. Este signo le anima a ir más allá de su zona de confort y a buscar información diferente. Al abrazar la energía de Sagitario, puede estar más abierto a aprender y explorar, lo que le permitirá regresar de sus viajes con una comprensión más amplia del mundo.

Cúspides de las casas y su significado

La cúspide de la novena casa (Medium Coeli) está asociada con el nodo sur de la Luna y simboliza su pasado. Este punto habla de las experiencias que ha tenido en el pasado y que dan forma a su presente y a su futuro. El Imum Coeli (el punto más bajo de la carta) marca el nodo norte de la Luna y se refiere a su futuro. Este punto simboliza el potencial y la oportunidad. Muestra a dónde puede llegar en la vida si aprovecha la ocasión. Le anima a asumir riesgos, explorar nuevas posibilidades y aprovechar al máximo sus experiencias.

Principales palabras clave

A menudo se dice que la novena casa astrológica está asociada con la suerte, los viajes, los descubrimientos y la búsqueda del conocimiento. Ya sea buscando verdades espirituales en su interior o aventurándose en tierras y culturas extranjeras, esta casa tiene algo reservado para todos. Puede que nunca conozca la plenitud de la vida, pero con el autodescubrimiento continuo y la curiosidad por lo que hay más allá, puede estar seguro de que cada momento será cautivador. Explorar este increíble espacio puede ayudar a revigorizar sus pensamientos, ampliar sus perspectivas y abrirse a nuevas posibilidades que quizá nunca había previsto.

Descripción del tema de la casa

La novena casa astrológica es un espacio para la exploración y el descubrimiento. Le anima a ir más allá de su zona de confort y a buscar el conocimiento en todas sus formas. Habla de su sentido del asombro, curiosidad y capacidad para aprender de las experiencias que ha tenido en la vida. Con la novena casa, puede abrirse a nuevas perspectivas, ampliar su comprensión y descubrir los misterios de la vida. La novena casa también habla de su capacidad para aprovechar al máximo las oportunidades y sacar partido de la suerte cuando se le presenta. Tanto si se encuentra en un nuevo viaje como si simplemente explora las profundidades de su mente, esta casa tiene algo que ofrecerle.

Análisis planeta/signo

Júpiter en la novena casa nos ofrece suerte y abundancia, animándonos a salir y descubrir cosas nuevas. Cuando Júpiter está fuerte en su carta, es más probable que experimente éxito y oportunidades en sus viajes. En la novena casa, Sagitario le anima a tener una mente abierta y a buscar el conocimiento. Este signo le anima a cuestionar el status quo y a aprender de las experiencias de los demás. Cuando abraza la energía de Sagitario, es más probable que se abra a nuevas perspectivas y amplíe su comprensión del mundo.

Al explorar la novena casa, puede descubrir más sobre usted mismo y sobre el mundo que le rodea. Puede abrir su mente a nuevas posibilidades y experimentar la vida de una forma que nunca creyó posible. Al sumergirse en este espacio, puede encontrar abundancia y oportunidades, lo que le permitirá continuar su viaje de descubrimiento durante toda la vida.

Las casas astrológicas séptima, octava y novena nos ofrecen una gran oportunidad de profundizar en nuestro mundo interior y exterior. Son las casas de las relaciones, el crecimiento y los viajes, donde empieza a entrar en contacto consigo mismo y con cómo conecta con los demás. Desde lo que dicen sobre sus deseos más profundos hasta lo que revelan sobre su forma de afligirse o su búsqueda del éxito, comprender estas tres casas puede darle una mejor comprensión de usted mismo, de su motivación y de cómo navega por la vida. Incluso si no está familiarizado con la astrología, explorar estas casas es una oportunidad inestimable que puede despertar cosas nuevas y asombrosas en usted.

Cada casa está llena de significado, simbolismo y lecciones, y le da la oportunidad de descubrir algo nuevo sobre usted mismo y su lugar en este mundo. Al aprovechar la energía de estas tres casas, puede abrirse a un nuevo reino de posibilidades y empezar a dar sentido a su vida. Con una mente abierta, un corazón valiente y la voluntad de explorar, sumergirse en las casas siete, ocho y nueve puede ser una de las experiencias más transformadoras que pueda tener en la vida.

Capítulo 9: Casas IV: Carrera, amistad y espiritualidad

Las casas astrológicas son una forma apasionante de aprender sobre usted mismo y su viaje por la vida. Estas áreas de la carta natal le enseñan sobre su carácter, cómo se relaciona con los demás y qué le depara el futuro. Pueden proporcionar una poderosa visión de los caminos que puede tomar, permitiéndole ganar claridad con respecto a sus decisiones y posibles resultados. Explorar estas casas astrológicas puede ser una experiencia interesante que le permita comprender mejor quién es y por qué se manifiestan determinadas situaciones en su vida.

Este capítulo explorará las casas décima, undécima y duodécima de la carta natal. Se profundizará en cada casa para ver el signo zodiacal y el planeta que la rigen, las cúspides de la casa y sus significados, las principales palabras clave que la describen y una descripción del tema de la casa que profundiza en lo que significa. También examinará los efectos y las lecciones de cada planeta y del signo zodiacal en la casa. Si busca profundizar en su comprensión de la carrera, la amistad y la espiritualidad en su carta astral, este capítulo es para usted.

Casa X: Carrera

Cuando se trata de tomar decisiones sobre su carrera, busque en la décima casa astrológica. Esta influyente casa nos da una idea de nuestra trayectoria profesional y nos da pistas sobre la dirección que debemos tomar. Se trata de trazar un mapa de lo que quiere conseguir en esta

Tierra, por grande o pequeño que sea. La décima casa está llena de oportunidades potenciales que podrían llevarle más lejos de lo que nunca imaginó. Tómese unos minutos para leer sobre la décima casa y ver qué mensajes tiene para usted. Conocerse a sí mismo es clave para encontrar el éxito y la felicidad, así que asegúrese de comprender los conocimientos que puede aportarle antes de decidir qué camino debe tomar a la hora de invertir en su carrera.

Signo zodiacal y planeta regente

La décima casa astrológica está regida por Capricornio y Saturno. Estas dos poderosas fuerzas le aportan la perseverancia y determinación necesarias para alcanzar sus metas. También le enseñan importantes lecciones sobre autodisciplina, estructura y concentración. Capricornio es el signo zodiacal de la carrera, y Saturno aporta un sentido de autoridad y responsabilidad. Juntos, le proporcionan las herramientas necesarias para tomar decisiones acertadas sobre su carrera profesional. La combinación de estas dos energías aporta estabilidad, ambición y sabiduría.

Las propiedades de la décima casa rigen los asuntos relacionados con el trabajo, como las decisiones profesionales o la reputación pública. Los objetivos de éxito de una persona reciben un impulso adicional cuando Júpiter viaja por esta casa, ya que las oportunidades de progreso personal suelen surgir en esos momentos. Con un poco de disciplina y trabajo duro, esta casa ofrece una gran oportunidad para cumplir las propias ambiciones utilizando el marco global más amplio del que disponemos durante estos periodos. La décima casa simboliza la conexión de una persona con el mundo y cómo lo utiliza para crear un legado.

Las cúspides de la casa y su significado

La décima casa astrológica tiene dos cúspides: la Medium Coeli (MC) y la Imum Coeli (IC). El (MC) es el punto en el que se alcanza el máximo potencial y representa los objetivos y aspiraciones profesionales de una persona. El (IC) es el punto en el que la persona es más vulnerable y representa sus miedos y debilidades más íntimos. Es crucial comprender ambas cúspides para obtener una imagen completa del potencial profesional del individuo. El Medium Coeli le anima a alcanzar las estrellas y a luchar por el éxito, mientras que el Imum Coeli le recuerda sus limitaciones y le ayuda a mantener los pies en la realidad.

Principales palabras clave

Las principales palabras clave que describen la décima casa son ambición, progresión profesional, reputación pública y estatus social. En esta casa se trata de asumir riesgos y alcanzar el éxito a través del trabajo duro y la dedicación. También se trata de comprender cómo alcanzar los objetivos propios teniendo en cuenta los marcos sociales más amplios de los que se dispone. La décima casa es el lugar al que uno acude para encontrar su propósito y dejar su huella en el mundo. También es el lugar donde descubre cómo hacerse un nombre y crear un legado duradero. Las palabras clave relacionadas con la décima casa le ayudan a concentrar su energía en alcanzar sus objetivos y marcar la diferencia en el mundo.

Descripción del tema de la casa

La décima casa astrológica es una entidad fascinante que simboliza la ambición y la progresión profesional en nuestras vidas. Según las creencias astrológicas, esta casa señala el estatus social de alguien y su distinción en la profesión elegida. También refleja cómo los individuos encontrarán estabilidad y satisfacción con sus logros, qué objetivos persiguen, la concentración que ponen en ellos y el respeto que reciben de la sociedad. Estas cuestiones adquieren cada vez más importancia a medida que alguien se esfuerza por ascender en el escalafón. Es posible que no comprenda del todo cómo afectan las ambiciones de alguien al plano cósmico, pero el concepto de la décima casa sin duda puede darle una mejor visión del proceso.

Análisis planeta/signo

Capricornio trae consigo una ambición que le impulsa a llegar a lo más alto en la profesión que ha elegido. También le enseña a mantenerse centrado y disciplinado con sus objetivos, ya que es una parte necesaria para alcanzar el éxito. Saturno, por su parte, le da sentido de la responsabilidad y estructura. Le anima a rendir cuentas de sus actos y a comprender las consecuencias de sus decisiones. Juntos, le proporcionan un sentido de concentración y poder que puede utilizar para alcanzar mayores objetivos.

En conclusión, la décima casa es poderosa e influyente. Le pide que abrace sus ambiciones, determine sus objetivos y luche por ellos con determinación y trabajo duro. También le enseña la importancia de la disciplina, la estructura y la responsabilidad en su vida. Comprender estos conceptos puede ayudarle a alcanzar mayores cotas en su carrera y sus ambiciones. Con la ayuda de la décima casa, puede crear un futuro mejor y alcanzar sus sueños. Además, las energías de la décima casa pueden ayudarle a comprender su posición en la sociedad y cómo puede utilizarla para impulsar sus ambiciones. Le anima a asumir riesgos, a utilizar el marco global del que dispone y a dejar su huella en el mundo. Puede utilizar esta casa astrológica para alcanzar nuevas cotas con trabajo duro y dedicación.

Casa XI: Amistad

La undécima casa astrológica está llena de misterio, pero una cosa que se sabe de ella es que significa amistad y conexiones sociales. Esta casa sirve para recordar que tener amigos íntimos y relaciones significativas anima a sentirse apreciado, crea conversaciones agradables y promueve la socialización. Además, esta casa astrológica hace hincapié en los intereses compartidos, los sistemas de apoyo y la comprensión en las amistades. Ya sea que conozca a alguien en la universidad, durante una salida o incluso en línea, la undécima casa destaca la importancia de construir una fuerte conexión con quienes le rodean para que puedan crecer juntos en las experiencias de la vida.

Signo zodiacal y planeta regente

Tanto Acuario como Urano rigen la undécima casa. Acuario representa el progreso, la innovación, la independencia y la amistad. Le anima a ser único, creativo e inconformista. Además, Acuario le empuja a pensar fuera de la caja y a abrazar su individualidad. Del mismo modo, Urano le ayuda a establecer conexiones y a explorar su entorno. Se asocia con la tecnología, la ciencia y las ideas no convencionales que pueden ayudarle a comprender mejor su entorno.

Las cúspides de las casas y su significado

Las cúspides de la undécima casa se encuentran entre Acuario y Piscis. La cúspide de la undécima casa se asocia con el tema de la amistad y la búsqueda de un sentido de conexión con los que le rodean. Como esta casa está asociada con Acuario, también puede verse como la conciencia colectiva del universo. Le anima a pensar en su entorno social y medioambiental y en cómo puede colaborar para lograr un cambio positivo en el mundo.

Principales palabras clave

La undécima casa astrológica es una energía emocionante y expansiva que merece la pena explorar. Es una mezcla única de amistad, conciencia colectiva, socialización, tecnología, ciencia, progresismo, innovación e independencia, que se fusionan para formar una identidad propia. Llena de curiosos potenciales y posibilidades que a menudo pueden quedar sin explotar, la undécima casa le anima a explorar su creatividad, buscar conexiones significativas con los demás y mantener la mente abierta a las nuevas dinámicas que se desarrollan en el mundo que le rodea. Con la mentalidad y la actitud adecuadas, cualquier persona que trabaje en esta casa tiene la oportunidad de experimentar un drástico crecimiento personal y ayudar a forjar un futuro más progresista para todos.

Descripción del tema de la casa

La undécima casa astrológica es una energía interesante, creativa y expansiva que simboliza la amistad y la conciencia colectiva. Esta casa le anima a pensar con originalidad y a explorar su entorno. Puede utilizar esta casa para conectar con los demás, entablar relaciones significativas y abrir su mente a las ideas nuevas e innovadoras que surgen constantemente en la sociedad. También es un recordatorio de que trabajando juntos se puede lograr un cambio positivo en el mundo y ayudar a forjar un futuro mejor para todos.

Análisis planeta/signo

Acuario, el signo zodiacal regente de la undécima casa, representa el progresismo, el inconformismo y la innovación. Acuario le anima a pensar con una mente abierta y a explorar su entorno de forma más abstracta. También le ayuda a comprender mejor el mundo que le rodea y a abrazar su individualidad y su perspectiva única.

Urano, el planeta regente de esta casa, simboliza la tecnología, la ciencia y las ideas poco convencionales. Este planeta le ayuda a establecer conexiones y a comprender su entorno de forma más creativa. Le empuja a pensar con originalidad y a encontrar soluciones innovadoras a sus problemas. Explorando su creatividad, puede cambiar positivamente el mundo y crear un futuro mejor y más brillante para todos.

Ir más allá de su zona de confort puede ser desalentador, pero la undécima casa le ayuda a hacerlo. Aquí es donde descubre nuevas ideas y entabla relaciones con los demás. Puede relacionarse con personas y conceptos que antes le resultaban desconocidos y abrir su mente de formas apasionantes. No es fácil hacer algo diferente o desviarse del camino para entablar amistad con alguien nuevo, pero al final puede ser increíblemente gratificante. ¿Por qué no se arriesga y ve lo que esta increíble casa puede ofrecer? Nunca se sabe lo que se puede encontrar.

Casa XII: Espiritualidad

La duodécima casa astrológica es un concepto interesante que a menudo resuena con las personas que buscan aumentar su conciencia espiritual. Puede servir de mapa, guiándole en su viaje hacia una mayor comprensión de usted mismo, del universo y de lo divino. Esta casa siempre se ha asociado con la espiritualidad y ofrece crecimiento espiritual a través de la exploración de la mente subconsciente. Al descubrir sus verdaderas intenciones y objetivos, fortalece su conexión con lo divino y es más capaz de reconocer su verdadero propósito en la vida. A través de una cuidadosa autorreflexión, la astrología le ofrece una puerta para profundizar en su práctica espiritual, buscando en su interior la paz, la alegría, la iluminación y, en última instancia, la transformación.

Signo zodiacal y planeta regente

La duodécima casa astrológica está regida por Piscis junto con su planeta regente Neptuno. Estos dos aspectos están estrechamente entrelazados, ya que ambos representan la transformación espiritual, el poder de los sueños y la creatividad, y una profunda conexión con lo divino. Piscis le anima a mirar en su interior y a comprender mejor su naturaleza espiritual. Neptuno, por su parte, le ayuda a encontrar la paz y la plenitud explorando su subconsciente y las profundidades emocionales.

Las cúspides de las casas y su significado

Las cúspides de la duodécima casa son el Medium Coeli (MC), situado en la parte superior de la carta, y el Imum Coeli (IC), en la parte inferior. El MC se asocia con sus metas y ambiciones futuras, ayudándole a descubrir lo que realmente quiere en la vida y lo que le impulsa a alcanzar su máximo potencial. También le anima a ir más allá de su zona de confort y explorar lo desconocido, abriéndole un mundo de posibilidades. El IC, por su parte, simboliza sus cimientos y sus valores personales. Le anima a examinar sus experiencias pasadas para comprender mejor su realidad actual.

Palabras clave principales

Todo el mundo tiene sueños y pensamientos fascinantes que le vienen de vez en cuando. Sin embargo, lo verdaderamente extraordinario es la sabiduría profética que puede recibir de su inconsciencia. La duodécima casa de la astrología le enseña a explorar sus niveles subconscientes más profundos, a desarrollar la conciencia espiritual y a utilizar la creatividad para dar forma a su camino hacia la transformación. A medida que le abre al poder místico de esta área de su vida, empieza a apreciar el infinito potencial de espiritualidad y divinidad que reside en su interior. Es más fácil decirlo que hacerlo, pero no hay mejor viaje que sumergirse en las profundidades interiores y descubrir un mundo de posibilidades eternas.

Descripción del tema de la casa

La duodécima casa de la astrología es un lugar mágico que encierra muchos secretos y misterios. Habla del poder de la imaginación, la espiritualidad y la transformación. Esta casa está profundamente conectada con el subconsciente y le ofrece orientación sobre cómo acceder a las profundidades creativas de usted mismo. A través de la autorreflexión, la práctica espiritual y la exploración de la mente subconsciente, podrá llegar a una comprensión más profunda de sí mismo y descubrir el verdadero significado del viaje de su vida. En última instancia, puede utilizar este conocimiento para crear un cambio positivo en su vida y en el mundo que le rodea.

Análisis planeta/signo

El poder de Piscis y Neptuno en la duodécima casa es profundo, ya que le llevan a un lugar de profunda comprensión interior. Piscis le recuerda que debe mirar hacia dentro y adoptar un enfoque introspectivo para obtener una mayor comprensión de su naturaleza espiritual. Neptuno le ayuda a sumergirse en su subconsciente, accediendo a la poderosa energía que yace en su interior. Juntos, estos dos planetas le ayudarán a desentrañar los misterios más profundos de su subconsciente y a explorar reinos de creatividad e imaginación que a menudo quedan sin explotar. Si aprende a utilizar la energía de Piscis y Neptuno, podrá abrirse a un mundo de infinitas posibilidades y encontrar la verdadera iluminación.

En última instancia, la duodécima casa nos enseña a abrirnos a nuestras profundidades espirituales, a liberar la creatividad y la imaginación, y a embarcarnos en un viaje de transformación y crecimiento personal. Al abrazar el vasto poder que reside en nuestro interior, podemos utilizar nuestra perspicacia para realizar cambios positivos en nuestra vida y en el mundo que nos rodea. La duodécima casa es la puerta de entrada a una profunda sabiduría espiritual y a la exploración, ya que permite desentrañar los misterios del subconsciente y acceder al poder divino interior. Puede encontrar la verdadera iluminación y la paz interior con una cuidadosa reflexión y práctica espiritual.

Las casas décima, undécima y duodécima de la astrología son profundamente poderosas y le ofrecen orientación sobre cómo acceder a su potencial creativo y embarcarse en un viaje de crecimiento espiritual. A través de una cuidadosa autorreflexión, la exploración creativa y el descubrimiento de los misterios de su subconsciente, puede obtener una mayor comprensión de sí mismo y descubrir un mundo de infinitas posibilidades. Con el conocimiento de estas casas, puede utilizar su nueva percepción para realizar cambios positivos en su vida y en el mundo que le rodea. Descubra el poder de la sabiduría espiritual y descubra su verdadero potencial explorando estas tres casas. Al hacerlo, podrá encontrar la paz, la iluminación y una mayor comprensión de sí mismo.

Capítulo 10: Ponerlo todo junto: La carta natal

La carta astral es una herramienta increíble para comprender mejor el carácter y la vida de una persona. Al observar la posición de los planetas, las luminarias y otros puntos astrológicos en el momento del nacimiento, puede hacerse una idea general de la naturaleza esencial de una persona, así como de sus rasgos y habilidades más evidentes. Pero la cosa no acaba ahí. Las cartas astrológicas pueden utilizarse para predecir con exactitud acontecimientos que podrían manifestarse en la vida de una persona, poner de relieve posibles escollos y sugerir acciones que podrían contribuir a la realización del mayor potencial de una persona. Puede proporcionar poderosos consejos, orientación y palabras de advertencia a cualquiera que se tome el tiempo necesario para sumergirse en esta fascinante ciencia.

Este capítulo proporcionará una breve visión general de la interpretación y comprensión de las cartas natales. Comenzará definiendo lo que es una carta astral y su propósito. A continuación, se presenta un ejemplo de carta natal y se explica cómo leerla, interpretarla y extraer posibles conclusiones. Con la ayuda de instrucciones claras paso a paso (incluyendo ejemplos), comprenderá mejor cómo interpretar la carta. Las posiciones de los planetas, las luminarias y otros puntos astrológicos dentro de la carta son muy importantes a la hora de interpretar las cartas natales. Los signos, grados y signos interceptados en la carta pueden proporcionar información sobre las relaciones, la ética laboral, los intereses y los defectos.

¿Qué es una carta astral?

Una carta astral es una representación simbólica del cielo visto desde la Tierra en el momento del nacimiento de una persona. Es un mapa del cielo en el momento y lugar concretos de su nacimiento, que ofrece una visión de las cualidades subconscientes y espirituales, como los rasgos de personalidad, las emociones y el aspecto físico. Además de las características psicológicas, puede utilizarse para comprender mejor las trayectorias profesionales para seguir carreras significativas que se adapten a su perfil único. Observar en profundidad una carta natal puede ser increíblemente revelador, simplemente porque proporcionan un punto focal para comprender su vida, incluyendo el pasado, el presente y el futuro.

Cómo interpretar una carta natal

Interpretar una carta natal es una experiencia fascinante y gratificante, ya que puede proporcionar una visión única de la personalidad de un individuo. En su nivel más simple, una carta natal consiste en varios planetas y puntos que se colocan en una rueda simbólica de 360 grados alrededor de la Tierra. Utilizando principios astrológicos, estas posiciones pueden leerse para revelar el potencial y los objetivos del individuo.

En primer lugar, debe buscar patrones planetarios importantes (como trígonos o cuadraturas) para determinar las energías que favorecen su forma de interactuar con el mundo. En segundo lugar, los grados planetarios específicos indicarán cualidades particulares de la experiencia vital. Por último, preste atención a la forma en que los planetas interactúan entre sí: esto puede ofrecerle una visión profunda de sí mismo y de sus relaciones. Con la práctica, la observación de la carta natal puede desvelar nuevas capas de comprensión.

A. Grados y signos interceptados

Una carta natal consta de dos componentes básicos: los grados y los signos interceptados. Los grados se miden de 0° a 360° y representan la posición de cada planeta en el cielo en el momento de su nacimiento. Por su parte, los signos interceptados son divisiones en 12 de un signo que sólo aparecen cuando ciertos planetas ocupan características especiales o cuando ocupan constelaciones confinadas. Sin embargo, estos signos interceptados no tienen ningún valor esencial a menos que los planetas estén presentes para activarlos, lo que significa que nunca debe confiar únicamente en los signos interceptados. Con estos fundamentos en mente, puede empezar a construir su propia carta natal y descifrar las piezas que componen su personalidad.

B. Relaciones, ética laboral e intereses

La interpretación de una carta natal puede ser una excelente forma de aprender más sobre uno mismo y sobre lo que le motiva. Puede aportar información sobre sus relaciones con los demás, su forma de enfocar el trabajo, el estilo de vida que más le conviene e incluso lo que más le interesa. No hay una forma «correcta» o «incorrecta» de interpretar una carta natal. Se basa totalmente en observaciones subjetivas e intuiciones. Sin embargo, utilizando información fiable de un astrólogo y explorando cuidadosamente todos los aspectos de la carta natal, como los planetas y los signos zodiacales, una persona puede empezar a descubrir información valiosa sobre sí misma. Tanto si siente curiosidad como si desea reflexionar sobre sí mismo, aprender a interpretar una carta natal le aportará grandes beneficios.

C. Defectos y cualidades

Interpretar una carta natal puede resultar intimidante debido a la cantidad de información disponible y a la abrumadora variedad de defectos y cualidades que hay que analizar. Sin embargo, con unas sencillas pautas, puede abordarlo con confianza. Empiece por pensar en términos generales. Una carta natal le ofrece una visión general de los rasgos e indicadores de su personalidad, lo que puede llevarle a comprender cómo afectan a su vida las influencias planetarias. Una forma conveniente de dar sentido a esto es dividir la carta en fragmentos y calibrar los efectos que cada instantánea tiene en su vida.

Después, evalúe qué cualidades aceleran el crecimiento y el desarrollo o provocan retos y desafíos que deben abordarse. Por último, cultive la resiliencia a la hora de aceptar cualquier resultado desfavorable de una carta natal. Tenga en cuenta que todas las interpretaciones son subjetivas. Las cualidades, independientemente de lo desfavorables que sean, pueden proporcionar información sobre la mejor manera de utilizar los puntos fuertes centrándose en desarrollar gradualmente los puntos débiles a lo largo del tiempo.

D. Aspectos y tránsitos

La carta natal es una herramienta esencial para la interpretación astrológica, utilizada habitualmente para comprender la personalidad y las preferencias de cada uno. Utiliza los aspectos y los tránsitos para contar una historia sobre su lugar en el universo. Los aspectos miden los ángulos entre los planetas en el cielo, mientras que los tránsitos son lo que les ocurre con el tiempo a medida que se mueven por el cielo de mes en mes y de año en año. Entender cómo interpretar una carta natal es la base para comprender el complejo movimiento de los planetas.

Dependiendo del sistema que se utilice, la interpretación de las cartas natales puede abarcar el análisis psicológico, la sabiduría zodiacal o los consejos prácticos. Sea cual sea su práctica, el estudio de una carta natal requiere paciencia y dedicación, ya que los movimientos planetarios de cada individuo son únicos. Con un conocimiento avanzado de la lectura y el uso de estas herramientas, podrá obtener una visión holística de su vida cuando interprete su carta natal.

E. El signo ascendente y su significado

Interpretar una carta natal puede ser desalentador, pero comprender los conceptos básicos del signo ascendente puede hacerlo menos intimidante. El signo ascendente de una persona se calcula basándose en la posición del Sol y de otros cuerpos celestes según su hora y lugar exactos de nacimiento. Es importante tener en cuenta todos los componentes juntos para formar una interpretación. Aunque los distintos signos tienen energías diferentes, lo más importante es cómo interactúan entre sí. El signo ascendente ayuda a iniciar este proceso proporcionando una visión de la personalidad básica y las características de alguien, además de otras capas más profundas de la personalidad. Aunque se trata de un tema complejo, aprender a interpretar una carta natal no tiene por qué resultar abrumador si lo divide en partes digeribles y se toma su tiempo.

Consejos y trucos para interpretar una carta natal

Ahora que usted tiene una mejor comprensión de cómo leer e interpretar una carta natal, aquí hay algunos consejos para hacer el proceso más fácil.

A. Busque patrones

Mirar la carta natal es como ponerse un sombrero de detective. Al examinar todos sus componentes, se puede empezar a comprender las energías que informan la vida de una persona. Con la práctica, las personas pueden desarrollar métodos para analizar e interpretar las cartas natales y obtener información sobre diversos aspectos de su vida. Cuanto más tiempo y esfuerzo invierta en este estudio, más profunda será su apreciación y comprensión. A veces aparecen patrones inesperados entre estos símbolos, que ayudan a aclarar lo que está ocurriendo en un momento dado de la vida de una persona. Aprender a leer e interpretar estos patrones puede ser increíblemente gratificante.

B. Considerar los regentes de los signos

Interpretar una carta astral puede ser una poderosa práctica de autodescubrimiento. Uno de los componentes más importantes de la interpretación de la carta astral es comprender los regentes de los signos. Esto significa observar qué signos zodiacales rige cada planeta y sus casas astrológicas correspondientes. Por ejemplo, Mercurio rige Virgo y Géminis, mientras que Saturno rige Capricornio y Acuario. Cuando se evalúa una carta astral, se puede ver cómo esos planetas influyen en las distintas partes de la vida de la persona en función de los signos zodiacales y las casas correspondientes. Es apasionante descubrir cómo han influido los planetas en la trayectoria vital de alguien.

C. Preste atención a las estrellas fijas de la carta

Al interpretar una carta astral, preste especial atención a las estrellas fijas que aparecen en ella. Las estrellas fijas son puntos del cielo nocturno que influyen en los acontecimientos mundiales y en la vida de las personas. Entre otras cosas, la carta astral de una persona viene determinada por la posición de estas estrellas fijas en el momento de su nacimiento. Saber dónde reside una estrella concreta en la carta astral de una persona puede enriquecer nuestra comprensión de su trayectoria vital y su karma, permitiéndonos extraer de la misma carta visiones más poderosas.

D. Establecer conexiones entre planetas y casas

Interpretar una carta astral puede ser un proceso divertido y revelador. Para empezar, necesitará tener una visión general de los elementos clave de una carta astral, incluidos los planetas y las casas. Los planetas representan diferentes energías y áreas vitales que se cree que influyen en su vida. Incluyen planetas interiores como el Sol, la Luna,

Mercurio y Venus, que simbolizan nuestras cualidades internas y expresiones externas, planetas exteriores como Júpiter, Saturno, Neptuno y Urano, que se asocian con patrones más amplios en su vida, así como Plutón y Quirón.

Las casas representan partes de nuestra vida que se ven afectadas por estas aventuras. Cada casa tiene un enfoque particular, desde las relaciones en la casa 7 hasta las elecciones profesionales en la casa 10. Conectar estos dos ingredientes le ayudará a comprender mejor cómo afectan las energías planetarias a los distintos aspectos de la vida según su carta astral.

E. Mantenga la mente abierta y fíjese en los detalles

La interpretación de una carta astral puede ser un viaje revelador para aquellos deseosos de aprender más sobre sí mismos. Al profundizar en los detalles de su carta astral, los lectores pueden obtener información muy valiosa sobre sus vidas y personalidades únicas. Aunque es natural sentirse cautelosamente indeciso, mantenga la mente abierta y esté dispuesto a aceptar cualquier descubrimiento que se le presente. Con cada carta astral interpretada, puede obtener valiosos conocimientos que le ayudarán a comprender y explorar las distintas facetas de su psique. No tema permitirse bucear en las profundidades, olvidar las nociones preconcebidas y descubrir lo que realmente resuena en usted.

F. Utilice su intuición para desarrollar una lectura simbólica de la carta natal

Interpretar una carta astral puede proporcionar una visión profunda de usted mismo y de sus relaciones con otras personas. Recurrir a los símbolos de su entorno para crear una interpretación significativa de una carta astral es una herramienta increíblemente valiosa para el crecimiento y el desarrollo personal. En la mayoría de los casos, los símbolos utilizados deben tener alguna conexión con la persona. Eso añadirá una capa extra de relevancia personal a la tarea.

Aprovechar el poder de la intuición y dedicar tiempo a meditar sobre los símbolos elegidos puede ser increíblemente útil a la hora de interpretar una carta híbrida, ya que permite profundizar verdaderamente en cada área de significado. Utilizar sus sentidos y sensibilidades naturales le proporcionará una comprensión renovada de usted mismo, desbloqueando nuevas realizaciones que podrían ponerle en un emocionante camino hacia el autodescubrimiento.

G. Considere los aspectos y su significado

En lugar de considerar la carta astral como un significado fijo y predeterminado, debería verse como una oportunidad para considerar múltiples aspectos de uno mismo y descubrir posibilidades creativas. Cuando interprete su carta astral, utilice la información que obtenga como inspiración, identifique los dones y talentos que aparecen, aprenda cómo influyeron en ellos las estrellas y los planetas, y cómo su carta puede guiarle para vivir su mejor vida. Dado que cada parte de la carta tiene su significado, desde los planetas, los signos, las casas y los elementos, tómese su tiempo para investigar y explorar lo que cada uno aporta a su historia individual. Puede utilizar ese conocimiento para comprenderse mejor, cambiar patrones de comportamiento que ya no le sirven y descubrir nuevas oportunidades de crecimiento, todo ello con un mayor sentido del propósito.

Leer e interpretar una carta astral es una de las formas más antiguas de estudio astrológico. Al ahondar en su significado simbólico, puede obtener una mayor comprensión de sí mismo y de su perspectiva única del mundo. Aunque puede ser una experiencia increíblemente reveladora, es esencial mantener la mente abierta y utilizar la intuición para desarrollar una interpretación significativa. Si se toma su tiempo para considerar aspectos como planetas, signos, casas, elementos y sus respectivos significados, podrá obtener una visión única de su propia vida y de cómo los astros la han moldeado.

Extra: Símbolos y glifos astrológicos

Una carta astral es un mapa único del cielo en el momento exacto en que nació. Puede decirle muchas cosas sobre usted, y la mayoría de las veces, una carta natal generada en línea vendrá con glifos y símbolos. Aunque estas imágenes puedan parecer desalentadoras a primera vista, no tema. Este último capítulo se los explicará en detalle para que pueda entender lo que significa su carta natal.

Glifos y símbolos planetarios

¿Ha oído hablar de los glifos y símbolos planetarios? Se cree que estos símbolos son utilizados por civilizaciones ajenas a la nuestra, incluidas civilizaciones de otras galaxias. Muchos científicos coinciden en que estos glifos podrían contar una historia sobre la vida de personas olvidadas que una vez habitaron ciertos planetas dispersos por el cosmos. Incluso podrían proporcionar vislumbres de lo que puede deparar el futuro. Entender los glifos y símbolos de los planetas puede ser difícil, pero comprenderlos puede ser increíblemente gratificante.

He aquí los glifos y símbolos más utilizados para cada planeta:
- Sol: Un círculo con un punto en el centro
- Luna: Luna creciente
- Mercurio: Una curva sobre un círculo con una cruz en la parte inferior

- Venus: Un círculo con una cruz en la parte inferior
- Marte: Un círculo con una flecha hacia arriba
- Júpiter: Una combinación de dos símbolos, la luna creciente y la cruz
- Saturno: Una cruz con un rizo en la parte inferior
- Urano: Dos medios círculos con una cruz en el centro
- Neptuno: Un tridente
- Plutón: Un pequeño círculo con una cruz debajo

Glifos y símbolos de los signos

Cada signo del zodiaco tiene su propio glifo y símbolo que puede utilizarse para representarlo. Estos símbolos se han utilizado durante miles de años y pueden proporcionar información sobre el carácter, los puntos fuertes y las debilidades de una persona. Desde los jeroglíficos egipcios a los pictogramas chinos, pasando por las señales de tráfico modernas, estos símbolos se han introducido en el mundo cotidiano y en el día a día. Le ayudan a orientarse en lugares nuevos y a entenderse sin ambigüedades cuando se utiliza una lengua que no se comparte. He aquí los glifos y símbolos de cada signo del zodiaco:

- Aries: Una cabeza de carnero
- Tauro: Una cabeza de toro
- Géminis: Dos pilares
- Cáncer: Un cangrejo
- Leo: Una cabeza de león
- Virgo: Una doncella
- Libra: Escamas
- Escorpio: Un escorpión
- Sagitario: Un arquero
- Capricornio: Una cabra montesa
- Acuario: Portador de agua
- Piscis: Dos peces

Abreviaturas

Al leer una carta natal, es posible que vea algunas abreviaturas para ciertos aspectos importantes de la carta. He aquí una lista de algunas de las abreviaturas más comunes que puede encontrar:

- MC: Medio Cielo o Medium Coeli
- IC: Imum Coeli o Nadir de la carta
- ASC: Ascendente
- DSC: Descendente
- Deg: Grado
- Hs: Casa
- PL: Regente planetario
- Nodo N: Nodo Norte
- Nodo S: Nodo Sur
- Quirón: El sanador herido

Ahora que conoce los glifos y símbolos utilizados en las cartas natales, tiene todas las herramientas para interpretar su carta. Con este conocimiento, comprenderá mucho mejor la historia única de su propia carta natal.

Conclusión

La astrología es una práctica antigua que ha resurgido con fuerza en los últimos años. Cada signo del zodiaco aporta rasgos únicos. Los doce signos representan el paso de las estaciones y la posición de los planetas en el momento del nacimiento. Pueden explicar por qué interactúa con los demás o consigo mismo de determinadas maneras. Aprovechar las energías esenciales relacionadas con cada signo del zodiaco le ayuda a encontrar el equilibrio y a comprender mejor sus ciclos. Todos estos aspectos se combinan para formar una imagen detallada de su carácter.

Aprender más sobre usted mismo a través de su signo del zodiaco, descubrir que tiene una gran afinidad por ciertos rasgos o descubrir algunos hábitos que habitualmente causan problemas en la vida puede ser una experiencia extrañamente gratificante. A todo el mundo le gusta saber más sobre sí mismo y, en el caso de los signos astrológicos, puede revelar dimensiones de su personalidad que no sabía que existían. Con los signos astrológicos divididos en doce categorías basadas en la posición de las estrellas y los planetas en el momento del nacimiento, resulta más fácil comprender por qué algunas cosas le salen de forma natural y otras no.

La astrología ha formado parte de innumerables culturas durante siglos y sigue siendo uno de los aspectos más intrigantes de la historia de la humanidad. Desde la astrología china hasta los signos del zodiaco occidental, la gente ha utilizado este antiguo sistema para tomar decisiones importantes y planificar el futuro. La tecnología ha permitido a la gente acceder a este conocimiento en cuestión de segundos, en lugar de tener que buscar en volúmenes de textos antiguos o acudir a un astrólogo experimentado.

Con las aplicaciones móviles y las plataformas digitales, la generación actual tiene el privilegio de disponer de tanta información al alcance de la mano. No es de extrañar que la astrología siga siendo una de las escuelas espirituales más populares. Tomemos como ejemplo esta guía informativa. Cubre todos los aspectos básicos, incluida información sobre los planetas, los signos del zodiaco, las casas y los asteroides. Desde el ego hasta el hogar, la profesión y los viajes, se abordan todos los ámbitos de la vida. También proporciona una comprensión de los símbolos y glifos utilizados en astrología.

Este libro le ofrece una visión completa del reino cósmico para ayudarle a dar sentido a esta antigua práctica y darle la oportunidad de explorar su carta astral. Con los conocimientos adquiridos en este libro, podrá utilizar la astrología como herramienta de autocrecimiento y exploración. De este modo, estará mejor preparado para tomar decisiones importantes en la vida y establecer relaciones significativas. En definitiva, la astrología puede ser una poderosa fuerza guía en su viaje hacia el autodescubrimiento.

¿Qué espera? Empiece a explorar su carta astral hoy mismo y descubra los secretos de una vida más plena.

Vea más libros escritos por Mari Silva

Su regalo gratuito

¡Gracias por descargar este libro! Si desea aprender más acerca de varios temas de espiritualidad, entonces únase a la comunidad de Mari Silva y obtenga el MP3 de meditación guiada para despertar su tercer ojo. Este MP3 de meditación guiada está diseñado para abrir y fortalecer el tercer ojo para que pueda experimentar un estado superior de conciencia.

https://livetolearn.lpages.co/mari-silva-third-eye-meditation-mp3-spanish/

Referencias

Brown, M. (2022, 12 de diciembre). Las 12 casas de la astrología, explicadas. InStyle. https://www.instyle.com/12-houses-of-astrology-6890300

Kelly, A. (2018, 6 de octubre). Qué significan las casas en su carta astral y cómo encontrarlas. Allure. https://www.allure.com/story/12-astrology-houses-meaning

Lanyadoo, J. (2019, 19 de agosto). Esto es todo lo que necesita saber sobre las casas astrológicas. Cosmopolitan. https://www.cosmopolitan.com/lifestyle/a28700440/astrology-houses/

Mazurek, D. (2022, 16 de noviembre). ¿Qué significan las 12 casas en astrología? Dictionary.com. https://www.dictionary.com/e/what-do-the-houses-mean-in-astrology/

Los editores de la Enciclopedia Británica. (2022). zodiac. En Enciclopedia Británica.

Tomar, D. (2019, 30 de mayo). Aprenda sobre las 12 casas en la astrología védica. AstroTalk Blog - Consulta de astrología en línea con astrólogo; AstroTalk. https://astrotalk.com/astrology-blog/houses-in-vedic-astrology/

Wright, J. (2022, 2 de enero). ¿Cuáles son las 12 casas de la astrología? PureWow. https://www.purewow.com/wellness/12-houses-of-astrology

www.ingramcontent.com/pod-product-compliance
Lightning Source LLC
Chambersburg PA
CBHW051848160426
43209CB00006B/1212